IV
L'EMPEREUR

Direction : Catherine Saunier-Talec
Responsable éditoriale : Lisa Grall
Responsable de projet : Sophie Bartczak
Éditrice : Lucie VanHerpen
Traduction : Valérie Carreno
Correction-adaptation : Claire Gaillard et Maud Franquin
Réalisation de la couverture et réalisation du principe graphique : Nicole Dassonville
Illustrations : Nicolas Galkowski
Mise en page : CGI Compogravue
Fabrication : Anne-Laure Soyez
Responsable partenariat : Dana Lichiardopol – dlichiardopol@hachette-livre.fr

Dépôt légal : février 2022
ISBN : 978-2-01-715959-9
56-3170-3 / 02

Achevé d'imprimer en Espagne en février 2022

Tous droits de traduction, d'adaptation et de reproduction, totale ou partielle,
pour quelque usage, par quelque moyen que ce soit, réservés pour tous pays.

Nous utilisons des papiers composés de fibres naturelles, renouvelables, recyclables et fabriqués à partir de bois issus de forêts adoptant un système d'aménagement durable. En outre, nous travaillons avec des fournisseurs de papier qui s'inscrivent dans une démarche de certification environnementale reconnue.

PAPIER À BASE DE FIBRES CERTIFIÉES

hachette PRATIQUE s'engage pour l'environnement en réduisant l'empreinte carbone de ses livres. Celle de cet exemplaire est de :
800 grammes éq. CO_2
Rendez-vous sur www.hachette-durable.fr

58, rue Jean Bleuzen – 92178 Vanves Cedex

LISA CHAMBERLAIN

VOIES POSITIVES

TAROT POUR DÉBUTANTS

LE GUIDE COMPLET POUR APPRENDRE À TIRER LES CARTES ET DÉCRYPTER LEURS MESSAGES

TRADUIT DE L'ANGLAIS PAR VALÉRIE CARRENO

Le lotus & l'éléphant

SOMMAIRE

CONCLUSION

INTRODUCTION

Ces cartes mystérieuses connues sous le nom de tarot ont connu une explosion de popularité au XXIe siècle. Pourtant, dans un passé pas si lointain, les cartes de tarot étaient considérées comme taboues, en témoignent leurs nombreuses apparitions dans les films d'épouvante. D'ailleurs, toute crainte persistante à l'égard du tarot est le résultat d'idées dépassées le reliant à des forces néfastes ou « maléfiques ». Heureusement, la société s'ouvre peu à peu à la nature de l'ésotérisme et de la spiritualité alternative.

Le tarot est considéré par certaines personnes religieuses comme une forme de « voyance », ce qui reste interdit dans de nombreuses communautés religieuses. Le tarot est ainsi associé à l'image stéréotypée des diseuses de bonne aventure d'autrefois qui s'est formée peu de temps après que les jeux de cartes aient été adoptés pour la première fois par les nobles européens. Mais la « divination » s'avère une définition très limitée de ce qu'est le tarot, et de ce qu'il peut apporter à ceux qui souhaitent découvrir sa sagesse. En fait, il existe une distinction cruciale entre la voyance et la divination.

▼ La voyance

Lorsque vous vous faites dire la bonne aventure, vous jouez le rôle du spectateur passif, impuissant face aux rebondissements imprévisibles de la vie. Vous voulez savoir ce qui va se passer, comme si l'avenir était gravé dans le marbre et que vous ne pouviez rien y faire. Ainsi, vous abandonnez votre pouvoir aux forces du « destin » en pensant que la diseuse de bonne aventure peut vous le révéler. Tout cela n'est pas très valorisant. Pas étonnant que les cartes de tarot rendent certaines personnes nerveuses !

▼ La divination

La divination, en revanche, est l'art d'accéder aux informations, à la sagesse et aux conseils du Royaume invisible ; connu sous les noms de plan éthéré, Royaume astral, invisible ou divin. Il s'agit d'un royaume auquel nous avons tous accès, puisque nous faisons partie de l'Univers interconnecté. Le tarot est un outil permettant de comprendre le langage de ce royaume, tel qu'il s'applique aux circonstances de notre vie et à notre développement en tant qu'êtres spirituels. Vu sous cet angle, l'expérience du tarot peut en effet être puissante, car elle apporte de la clarté dans des situations confuses et nous montre que nous avons la capacité de façonner notre avenir en fonction de nos propres choix dans le présent.

▼ Un outil de réflexion

Beaucoup de ceux qui travaillent avec le tarot aujourd'hui le décrivent comme un outil de méditation et de réflexion, pour comprendre les causes (et le sens) des événements qui se déroulent dans nos vies, et pour obtenir des informations et des conseils pour prendre des décisions. Les cartes peuvent nous aider à naviguer dans des circonstances complexes et à planifier nos prochaines actions en nous présentant de nouveaux angles de perception à propos de situations afin d'élargir nos perspectives. Ainsi, même si vous apprenez à lire les cartes pour obtenir des informations concernant votre avenir, il ne s'agit pas de voyance. Le tarot représente bien plus que cela.

Mais alors que sont ces cartes, exactement ? D'où viennent-elles et comment fonctionnent-elles ? Comme pour tous les sujets ésotériques, aucune de ces questions n'a de réponse simple, et les réponses dépendent souvent de la personne à qui vous les posez. Néanmoins, si vous souhaitez en savoir plus sur le tarot, ce guide vous aidera à trouver quelques repères précis.

Dans la première partie de l'ouvrage, vous découvrirez l'histoire de cette forme de divination fascinante, ainsi qu'une introduction approfondie au jeu de tarot moderne. Dans la deuxième, je vous propose des astuces et des conseils pour apprendre à lire les cartes, ainsi que des instructions pour exploiter deux célèbres tirages du tarot qui ont fait leurs preuves. La troisième partie vous servira de guide de référence pour les interprétations standard de chaque carte du jeu.

À la fin de ce guide, vous serez sur la bonne voie pour pratiquer l'art de la lecture du tarot. N'oubliez pas, cependant, que lire les cartes ne peut pas être aussi simple que lire un livre. Le fait de dédier du temps à vous familiariser avec les cartes à votre rythme, de vous entraîner et d'affiner votre intuition sera la clé de votre progression. Si vous êtes prêt à poursuivre sérieusement cet art, vous constaterez qu'il s'agit d'un voyage extrêmement enrichissant !

HISTOIRE ET MYSTÈRES AUTOUR DU TAROT

L'EMPEREUR

L'un des aspects les plus intrigants du tarot, c'est qu'il semble être à la fois le produit d'une invention humaine et d'une inspiration divine. Contrairement à d'autres formes de divination qui emploient des outils simples comme les dés, ou des phénomènes naturels comme l'observation des nuages, le tarot est une affaire assez complexe impliquant de nombreux symboles interactifs issus de la culture humaine.

Pourtant, le tarot n'a pas d'auteur unique ou ni de jeu « d'origine ». Cet art divinatoire a été développé grâce aux contributions d'une multitude de personnes à la suite de nombreuses collaborations au cours des siècles. Il n'existe pas d'interprétations universellement acceptées pour chaque carte. Le tarot offre des possibilités illimitées pour trouver de la clarté et du sens.

LE LANGAGE SYMBOLIQUE DE LA DIVINATION

Le tarot peut être considéré comme un « langage » grâce auquel nous sommes en mesure d'entendre et de comprendre les messages divins, que nous lisions les cartes pour nous-mêmes ou pour les autres. À l'instar des runes, des feuilles de thé ou des lignes de la main, c'est un langage qui permet de communiquer des informations spécifiques. Le tarot, tant les cartes individuelles que le système symbolique du jeu dans son ensemble, peut nous en apprendre beaucoup sur nous et sur le monde qui nous entoure.

“ Vous faites partie de l'équation ”

Ce langage est également en constante évolution, car chaque nouvelle génération de lecteurs étudie les théories et les approches de ceux qui les ont précédés, puis ajoute sa propre perspective à la tradition. Cela fait partie de la nature dynamique de ce système divinatoire particulier. Les débutants en tarot se posent souvent cette question : quelle intelligence supérieure détermine les cartes que nous tirons ? Existe-t-il une sorte de force magique inhérente aux cartes elles-mêmes ? Mais personne ne peut répondre à ces questions pour vous, car les réponses dépendent de vos croyances individuelles et de la manière dont vous comprenez et interprétez l'expérience de la divination.

▼ La magie des cartes

Les cartes peuvent en effet se comporter de manière apparemment magique, par exemple lorsqu'une carte saute du jeu pendant que vous le mélangez, ou lorsque vous tirez une série de cartes qui correspondent toutes à votre situation. Mais, et c'est important de le savoir, vous faites partie de l'équation. Quelle que soit la définition que vous donnez à la source d'où proviennent les informations, vous êtes vous-même connecté à cette source. Vous puisez dans la sagesse de votre Moi supérieur, en conjonction avec les autres énergies qui vous assistent dans la lecture. Si vous êtes impatient de commencer à puiser dans cette sagesse, vous êtes libre de passer directement à la fin de ce guide et de découvrir les significations basiques de chaque carte du jeu de tarot. Cependant, pour une compréhension plus riche et éclairée, il est conseillé de posséder quelques connaissances sur l'origine du tarot, ainsi que sur les fonctions de base de chaque type de carte du jeu.

IV
L'EMPEREUR

LES ORIGINES DU TAROT

Certaines méthodes de divination, comme la scrutation et l'observation du vol des oiseaux, sont très anciennes. D'autres, comme les runes et la lecture des lignes de la main, remontent au moins à l'Antiquité. Le tarot, en comparaison, est un système de divination relativement récent. Il a commencé à apparaître de façon sérieuse à la fin du XVIIIe siècle en Europe, et a été développé de manière plus approfondie au XIXe siècle et au début du XXe siècle. Cependant, les racines du tarot, en termes de structure et d'imagerie du jeu ainsi que de la sagesse ésotérique qu'il propose, remontent à bien plus loin.

De nombreux mythes, idées reçues et débats savants sur l'histoire du tarot abondent encore aujourd'hui, et le récit complet de ses origines dépasse le cadre de ce guide. Nous allons donc nous limiter à un aperçu des principales étapes de son développement, ce qui vous fournira un contexte utile pour comprendre le tarot actuel.

LA TRADITION OCCIDENTALE

Au XVIIIe siècle, plusieurs érudits et aristocrates français commencent à s'intéresser à des sujets ésotériques (ou « occultes ») tels que la divination, la magie et l'alchimie. Comme d'autres en Europe au cours des siècles, ils redécouvrent et travaillent à partir de traditions philosophiques et mystiques plus anciennes, notamment la Kabbale juive, la théorie pythagoricienne et d'autres philosophies grecques, ainsi que les enseignements hermétiques.
Ces éléments et d'autres de l'exploration spirituelle ancienne et médiévale sont connus collectivement sous le nom d'ésotérisme occidental, qui persiste encore aujourd'hui.

Diverses personnes ont influencé notre compréhension du tarot au fil du temps. L'un d'eux est Antoine Court de Gébelin. En 1781 il publie un essai considéré comme le premier ouvrage connu sur le tarot en tant que moyen d'illumination ésotérique[1]. Cet essai incite alors d'autres « occultistes », comme on appelait ces chercheurs à l'époque, à développer ses idées. C'est ainsi que quelques années plus tard, un autre

1. Dans le huitième tome du *Monde primitif analysé et comparé avec le monde moderne*, qui s'intéresse aux monnaies et aux jeux, il dédie un chapitre au tarot.

passionné du tarot, Jean-Baptiste Alliete (qui se faisait appeler Etteilla), publie le premier guide de lecture des cartes du tarot en tant qu'outil de divination[2].
Plusieurs décennies plus tard, une autre figure de l'occultisme, Éliphas Lévi, s'associe à ce vaste travail. Les enseignements de Lévi sur le tarot, en particulier en ce qui concerne sa relation avec la Kabbale, sont largement considérés comme les plus importants de son époque, et son influence s'est étendue jusqu'au XXe siècle et au-delà.

MYTHES ET IDÉES REÇUES

Les occultistes français ont beaucoup contribué à ce que nous considérons aujourd'hui comme « le tarot », en termes de compréhension de son symbolisme et de ses relations avec la connaissance ésotérique. Toutefois, ces chercheurs ont également travaillé sur des hypothèses clés qui se sont avérées plus tard historiquement incorrectes.

Pour commencer, ils pensaient que le tarot était issu de l'Égypte ancienne du fait de liens erronés établis entre l'imagerie des cartes et certains artefacts égyptiens, mais aussi de preuves fabriquées qui circulaient parmi les amateurs d'occultisme.
Une autre hypothèse liait l'arrivée du tarot en Europe à celles de personnes venant d'Inde qui ont commencé à arriver en Europe au cours du Moyen Âge. Ce peuple nomade était également considéré à tort comme originaire d'Égypte, ce qui n'a évidemment pas aidé à dissiper les théories sur l'origine égyptienne du tarot. Finalement, ces hypothèses ont été réfutées.
Aujourd'hui, certains affirment que le tarot n'a rien à voir avec l'Égypte, et qu'il n'est qu'une invention des occultistes du XVIIIe siècle qui n'ont fait que transcrire leurs connaissances ésotériques sur un banal jeu de cartes, ce qui est également incorrect. Pourtant, il existe une part de vérité dans chacune de ces réflexions.

▼ Les origines du tarot contemporain

Il est vrai que le jeu de tarot tel que nous le connaissons aujourd'hui a été façonné à partir des cartes à jouer employées par les nobles de la société médiévale. Celles-ci ressemblaient un peu aux cartes à jouer modernes dans la mesure où elles comportaient quatre suites numérotées, chacune disposant de son propre symbole. Les suites étaient généralement appelées Bâton, Coupe, Épée et

2. Etteilla, *Manière de se récréer avec le jeu de cartes nommées tarots*, 1783.

Deniers. Chaque suite contenait un As, une carte pour chaque chiffre compris entre deux et dix, souvent appelée carte « pip », et quatre cartes de cour, avec le Chevalier en plus du Valet (également appelé Cavalier), la Reine et le Roi. Ces cartes étaient utilisées pour jouer à divers jeux connus sous le nom de « tarots », dérivé du terme italien *tarocchi*.

Au cours du XVe siècle, une cinquième suite complètement différente des autres est ajoutée à ces jeux. Cette nouvelle suite consistait en plusieurs cartes illustrées, non numérotées, représentant des scènes et des personnages qui reflétaient la société italienne, mais qui semblaient également être allégoriques (ou contenir un sens caché). Ces cartes, appelées *trionfi*, qui signifie « triomphe », détenaient plus de pouvoir que les autres cartes du jeu. Il existait alors de nombreuses versions des *trionfi* et les jeux pouvaient varier considérablement quant à leur nombre et leur iconographie. Finalement, ces « triomphes » sont devenus des « atouts ».

On pense que ces cartes étaient employées à des fins de divertissement et qu'elles n'avaient aucun lien avec les principes ésotériques des occultistes français qui tenteront plus tard de les relier à l'Égypte ancienne. Cependant, certains chercheurs suggèrent que ces jeux de tarot représentaient bien plus que de simples jeux de cartes pour les riches de cette époque.

Il semble que certains représentants de l'Église au milieu du XVe siècle employaient l'imagerie des triomphes pour faciliter les discussions philosophiques et religieuses et que certaines cartes des jeux de tarot étaient utilisées à des fins divinatoires dès le XVIe siècle.

En outre, l'iconographie de bon nombre de ces « cartes à jouer » n'était certainement pas dénuée de signification occulte. À l'époque où les triomphes ont été créés, les systèmes de croyances comme l'hermétisme, l'alchimie ou d'autres courants de philosophies ésotériques représentaient des sujets d'intérêt pour la population. Mais à l'époque où les *trionfi* sont intégrés au jeu de tarot, l'Église catholique romaine avait déjà pris des mesures contre les croyances spirituelles qui contredisaient sa propre doctrine.

Pour préserver ce qui devint rapidement un savoir « hérétique » à l'époque de l'Inquisition, les artistes créaient souvent une iconographie qui permettait de communiquer des idées ésotériques sans défier ouvertement les règles de l'Église.

Certains pensent que l'imagerie des triomphes était destinée à cette fin, du moins en partie, car elle présentait un symbolisme reliant les mêmes sources que ce que l'on appela la tradition occidentale occulte.

▼ Marseille est l'élaboration du tarot moderne

Jusqu'à l'invention de la presse à imprimer au milieu du XVe siècle, il était relativement difficile de trouver des cartes à jouer, car les jeux étaient fabriqués à la main. C'est pourquoi relativement peu de cartes de tarot médiévales ont traversé les siècles, et c'est également pour cette raison qu'il existe tant de différences entre les premiers jeux.

Lorsque l'imprimerie s'est répandue, la production en masse et la standardisation du jeu de tarot ont débuté, notamment à Marseille. Les triomphes sont alors numérotés en chiffres romains, dans un ordre relativement cohérent, et reçoivent des titres tels que « Le Diable », « L'Amoureux » et « La Force ».
À la fin du XVIe siècle, cette standardisation était plus ou moins avérée, et malgré une diversité de fabricants, la plupart des jeux de tarot étaient très similaires. Ce nouveau modèle appelé Tarot de Marseille (également orthographié « Marseilles ») a été produit pour la première fois en 1748 et est la version la plus connue des jeux modernes.

Les occultistes français Antoine Court de Gébelin et Etteilla ont choisi ce jeu afin d'explorer le potentiel ésotérique des cartes. Alors que cette période de découverte et d'innovation s'est poursuivie au siècle suivant, les deux ensembles de cartes constituant le jeu (les triomphes et les quatre suites) ont été nommés « arcanes », ce qui signifie « secrets » ou « mystères ». Cette appellation contribua à populariser le concept du tarot en tant qu'art divinatoire et à le distancier de ses origines de cartes à jouer.

▼ L'Ordre de l'Aube Dorée et le tarot Waite-Smith

Les occultistes britanniques du XIXe et du début du XXe siècle, en particulier les membres de l'Ordre Hermétique de l'Aube Dorée[3], se sont intéressés au tarot. Les spécialistes de l'occultisme, dont Samuel Liddell MacGregor Mathers et William Westcott, se sont inspirés des idées de Lévi et d'autres occultistes français, mais ont finalement adapté le jeu à leur propre compréhension des concepts ésotériques et des correspondances occultes.

---

3. Une organisation fondée en 1888 qui a fortement influencé l'occultisme moderne.

C'est par l'intermédiaire de ce groupe que le poète Arthur Edward Waite et l'artiste Pamela Colman Smith ont créé le jeu de tarot le plus populaire, et sans doute le plus influent du XXe siècle. Basé sur le Tarot de Marseille, il présentait néanmoins une différence importante puisqu'il fournissait des illustrations pour les cartes pip (numérotées). À noter qu'un jeu connu provenant de l'Italie de la fin du XVe siècle comportait déjà des cartes pip illustrées, et Smith aurait puisé une partie de son inspiration en visitant une exposition qui leur était consacrée alors qu'elle créait le nouveau jeu.
Ainsi, plutôt que de proposer trois symboles de coupe sur la carte du Trois de Coupes, par exemple, on découvrirait alors trois figures féminines tenant des calices, les élevant lors de ce qui pourrait être un rituel ou une célébration. Cette imagerie ouvrait dès lors des possibilités nouvelles en termes d'interprétation.

Le tarot Waite-Smith est le premier jeu de tarot complet conçu exclusivement pour la divination dans le monde anglophone, et il est largement reconnu comme ayant popularisé le tarot au XXe siècle. Il est connu sous le nom de jeu Rider-Waite, en référence aux éditeurs d'origine, William Rider & Son, mais il a récemment été rebaptisé Waite-Smith, afin de rendre justice à l'artiste à l'origine de l'iconographie des cartes.

EN PERPÉTUELLE ÉVOLUTION

Compte tenu des différentes phases de son évolution, du jeu de cartes à jouer conventionnel à un art divinatoire incroyablement riche et diversifié, il serait plus exact de dire que le tarot n'a pas une seule « véritable » origine. Bien au contraire, il illustre un travail en perpétuelle évolution, une synthèse de sagesse, de symbolisme et d'idées dont les racines sont issues de nombreuses cultures et périodes. Et cet ouvrage est loin d'être terminé. Même si le Waite-Smith et le Tarot de Marseille restent les jeux adoptés par le XXIe siècle, de nombreuses variations et déclinaisons sont apparues au cours des dernières décennies, comme nous le verrons plus loin.

L'essor de ces jeux récents s'est accompagné de nouveaux systèmes et méthodes d'interprétation des cartes, qui peuvent ou non s'aligner sur les interprétations popularisées par les occultistes français et britanniques. Traditionnellement, les occultistes ont toujours défendu un ensemble spécifique d'interprétations qui devaient être mémorisées afin de lire les cartes, mais les mystiques du XXIe siècle voient les choses autrement, mettant l'accent sur l'intuition plutôt que sur une étude rigoureuse. Ainsi, les messages du tarot évoluent et changent au fur et à mesure que la société évolue, et le fait de s'en tenir aux « anciennes » significations et méthodes peut parfois limiter ou fausser notre compréhension des cartes. Ce sont des points importants à garder à l'esprit, car le tarot n'a eu de cesse de connaître un processus d'évolution depuis son apparition. Toutefois, si vous êtes novice en matière de cartes, il reste utile de disposer d'une idée claire des significations traditionnelles avant de développer votre propre approche. Commençons donc par le début, avec une orientation vers le jeu de tarot tel que nous le connaissons depuis un siècle.

IV
L'EMPEREUR

LE JEU DE TAROT MODERNE

Comme nous l'avons vu, la standardisation des jeux de tarot qui s'est produite à Marseille au XVIIIe siècle a finalement donné naissance à la structure du tarot telle que nous la connaissons aujourd'hui : un jeu de 78 cartes, composé de 22 arcanes majeurs et de 56 arcanes mineurs.

♦ *Les arcanes majeurs (ou « grands secrets »)* reflètent généralement des aspects de notre moi intérieur, notre croissance émotionnelle et/ou spirituelle, ainsi que des événements significatifs de la vie et des tournants sur notre chemin individuel.

♦ *Les arcanes mineurs (ou « petits secrets »)* sont divisés en quatre suites, qui conservent la structure originale des jeux de cartes à quatre suites de l'Italie médiévale : un As, neuf cartes numérotées de 2 à 10 et quatre cartes de cour. Ils représentent généralement les éléments les plus communs de la vie quotidienne, à travers lesquels nous découvrons, expérimentons et appliquons les « leçons » représentées par les arcanes majeurs.

Les significations associées à chaque carte peuvent dériver d'un ou de plusieurs éléments : le nom de la carte (surtout avec les arcanes majeurs), le numéro de la carte (surtout avec les arcanes mineurs), l'illustration de la carte et d'autres détails, comme nous le verrons bientôt.

LES ARCANES MAJEURS

Les arcanes majeurs se composent de 22 cartes représentant une séquence d'images illustrant des personnages archétypaux (par exemple L'Empereur, L'Hermite), des corps célestes (Le Soleil, L'Étoile, La Lune), des objets (Le Chariot, La Roue de la Fortune, etc.), des vertus (Le Jugement, Tempérance, etc.) et des situations (Le Pendu, La Tour).

Traditionnellement, les cartes sont numérotées en chiffres romains de I à XXI (1 à 21), la dernière carte, Le Fou (ou Le Mât), n'étant pas numérotée ou présentant un « 0 »[1]. L'ordre des cartes est le même d'un jeu à l'autre, à l'exception de La Justice et de La

1. Cette carte porte généralement un zéro quand il s'agit du Fou du Rider, et n'a pas de numéro lorsqu'il s'agit du Mât du Marseille.

Force (qui seront expliquées plus loin), et de la position du Fou (ou Mât), qui se trouve généralement au début de la séquence, mais peut aussi se situer à la fin.

Diverses écoles d'interprétation de ces cartes se sont développées au fil du temps, une approche influençant souvent une autre. Cependant, le concept des arcanes majeurs illustrant un « voyage » ou un « chemin » demeure un thème récurrent au cours des siècles.
Dans ce cadre, les cartes peuvent refléter les événements majeurs que nous rencontrons au cours de notre vie physique, ou elles peuvent représenter notre voyage psychologique ou spirituel, alors que nous expérimentons les leçons que notre âme a choisi d'apprendre au cours de cette incarnation. En pratique, les arcanes majeurs ont tendance à aborder les aspects psychiques et immatériels de notre expérience de vie.

Le Voyage du Fou

Le système d'interprétation des arcanes majeurs le plus couramment utilisé aujourd'hui est probablement ce que l'on appelle « le Voyage du Fou ». Ce terme a été popularisé à la fin du XXe siècle par le spécialiste du tarot Eden Gray, mais le concept s'inspire probablement des travaux de l'Ordre de l'Aube Dorée, ainsi que des écrits du psychanalyste Carl Jung et du spécialiste de la mythologie Joseph Campbell.

Dans cette approche, Le Fou n'est pas un personnage idiot ou stupide. Il représente l'âme de chaque être humain dans son innocence innée, avant qu'elle ne s'engage dans le voyage de la vie. Le reste des cartes, disposées dans l'ordre de 1 à 21, racontent l'histoire de ce qui se passe une fois que Le Fou s'est engagé dans son voyage de développement psychologique ou spirituel. Le Fou rencontrera à la fois des obstacles et des victoires, ainsi que de nombreux personnages archétypaux qui lui enseigneront d'importantes leçons en cours de route. La dernière carte de la séquence est Le Monde, qui représente l'accomplissement qui vient après avoir appris et intégré les leçons rencontrées sur son chemin.

COUP DE PROJECTEUR

Le Voyage du Fou et vous

Il n'existe pas d'ensemble d'interprétations standards et universellement acceptées pour les arcanes majeurs dans le contexte du Voyage du Fou, mais de nombreux guides et experts chevronnés du tarot proposent des significations suffisamment similaires pour créer un consensus général. En vous familiarisant avec les cartes au fil du temps, vous parviendrez sans doute à votre propre compréhension de chacune d'entre elles et de la manière dont elles vous concernent dans votre voyage personnel.

Bien sûr, les leçons de la vie suivent rarement une progression aussi linéaire que celle d'un livre de contes. En effet, nous pouvons nous retrouver dans la position du Fou lors de circonstances variées, au début d'un nouveau travail ou d'une relation, ou la première fois que nous rencontrons ou expérimentons une expérience émotionnelle ou psychologique intense. C'est pourquoi Le Fou ne fait pas partie de la séquence globale des cartes. Qu'il soit la première ou la dernière carte, il n'a pas de numéro réel et peut s'insérer à n'importe quel endroit de la séquence, car chaque carte peut être lue par rapport à lui.

Pour le reste des cartes, l'ordre de la séquence importe peu, puisque les étapes du voyage individuel peuvent se dérouler dans n'importe quel ordre. En outre, le « voyage » des arcanes majeurs est cyclique, ce qui signifie que chaque fois que Le Fou atteint Le Monde, il est temps de recommencer et d'apprendre quelque chose de nouveau. Le concept du Voyage du Fou peut donc être considéré comme une carte qui vous aide à identifier où vous vous trouvez dans le contexte de votre situation, mais il ne s'agit pas nécessairement d'un ensemble de directions.

LES ARCANES MINEURS

Si les cartes des arcanes mineurs peuvent sembler moins importantes que les cartes maîtresses, elles représentent en fait les ingrédients essentiels de notre vie, sans lesquels les leçons des arcanes majeurs n'auraient aucun contexte.

Chaque suite des arcanes mineurs est centrée sur un domaine particulier de l'expérience : les idées, les émotions, l'action et la manifestation. Comme ces cartes constituent la majeure partie du jeu, elles ont tendance à être plus présentes dans une lecture que les cartes des arcanes majeurs.

Dans les jeux modernes, les suites sont le plus souvent appelées Bâton, Coupe, Épée et Deniers, mais certains jeux conservent les noms et symboles médiévaux plus traditionnels, tandis que d'autres adoptent des noms et symboles complètement différents. Les noms alternatifs les plus largement utilisés sont indiqués sous la description de chaque suite.

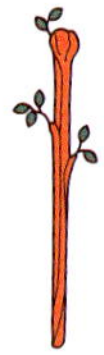

♦ *Bâtons*

La suite des Bâtons représente **le domaine de l'inspiration, de l'intention et de l'ambition**.

Lorsque nous nous sentons créatifs, inspirés, poussés à l'action et/ou que nous espérons des résultats, nous utilisons l'énergie des Bâtons.
Il faudra cependant faire une distinction entre l'intention et l'action. L'action n'est pas encore dominante au stade des Bâtons et cette suite peut nous rappeler que les débuts enthousiastes nécessitent un suivi. Les Bâtons représentent également la prise de risque et l'initiative, car nous désirons grandir, créer et élargir nos horizons. Comme nous sommes essentiellement motivés par le désir (soit de manifester un résultat positif, soit d'éviter un résultat négatif), des sentiments d'appréhension et d'anticipation exacerbés sont liés aux cartes de cette suite.
Dans l'ensemble, les cartes de cette suite sont considérées comme positives et apparaissent souvent dans une lecture en tant que signe d'encouragement.

Aussi connue sous le nom de : suite de Feu, baguettes, flèches, matraques, massues, gourdins, sceptres, lances.

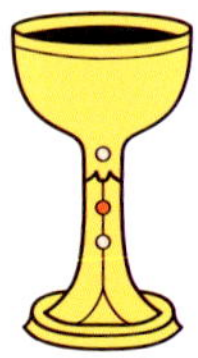

♦ *Coupes*

La suite des Coupes représente le **domaine de l'émotion, de la créativité, des intuitions psychiques, de l'amour, de l'empathie et des questions de cœur**.

Les Coupes ont tendance à représenter les sentiments qui accompagnent, ou qui découlent, des pensées à propos d'une situation donnée. Ces sentiments ont

tendance à influencer notre comportement, que nous en soyons conscient ou non. Toute une gamme d'émotions, agréables ou désagréables, est présente dans cette suite, si bien que certaines cartes peuvent sembler négatives, selon la lecture. Cependant, toutes les cartes qui aident à clarifier une situation doivent être considérées.
Les Coupes peuvent également évoquer les bénéfices et les pièges potentiels des dons psychiques et de l'empathie. Si posséder un esprit ouvert et perspicace est généralement un avantage, absorber l'énergie des autres ou se laisser submerger par des sensations psychiques n'est pas une bonne chose.

Aussi connue sous le nom de : suite d'Eau, bols, chaudrons, calices, gobelets, cœurs, vases, récipients.

♦ *Épées*

La suite des Épées représente le **domaine de l'action, du mouvement et de la lutte, ainsi que de la logique, la raison et l'intellect**.

L'effort nécessaire à la poursuite d'un objectif, qui peut souvent être perçu comme une lutte, est le domaine de l'énergie des Épées. Il faut parfois beaucoup d'efforts pour transformer nos idées en réalité, mais c'est aussi là que l'on apprend le plus.
L'action est le résultat de la combinaison des idées (Bâtons) et des émotions (Coupes), mais les Épées conseillent la rationalité et le détachement par rapport aux attentes de résultats spécifiques. Ainsi, les cartes de cette suite peuvent être perçues comme froides ou dures dans leurs messages, car elles tranchent directement dans les illusions auxquelles nous nous accrochons parfois. Dans certains cas, les Épées peuvent signifier la force, l'autorité et le pouvoir, ainsi que des éléments plus malheureux de la nature humaine qui conduisent à la violence et à la souffrance.
La suite n'est pas excessivement défavorable, mais les Épées ont tendance à faire ressortir les aspects les plus délicats d'une situation.

Aussi connue sous le nom de : suite d'Air, flèches, athamés, lames, poignards, plumes, couteaux, cimeterres.

♦ *Deniers*

La suite des Deniers représente le **domaine de la manifestation, des résultats, de l'enracinement et du bien-être matériel**.

Ces cartes apparaissent souvent en relation avec des questions de finances, d'abondance, d'affaires, de maison et de famille, ainsi que de corps physique.
Les Deniers représentent les résultats de l'inspiration initiale (Bâtons) à laquelle on réagit dans le domaine des sentiments (Coupes) avant d'agir en conséquence (Épées). Alors que les trois autres suites habitent principalement les royaumes invisibles de l'énergie non physique, les Deniers concernent le plan matériel, physique. Cependant, ils peuvent aussi représenter le sentiment de sécurité que nous recherchons tous sur le plan matériel, et le sentiment d'être ancré dans sa souveraineté en tant que personne.
Les cartes de cette suite sont généralement considérées comme favorables car elles évoquent les récompenses à nos efforts, mais elles peuvent aussi refléter la peur de ne pas avoir (ou d'être) assez.

Aussi connue sous le nom de : suite de Terre, pentacles, cercles, pièces de monnaie, disques, boucliers, pierres, talismans.

LA SIGNIFICATION DES NOMBRES

Comme dans beaucoup d'autres formes de divination, les nombres sont très importants dans le tarot. Depuis le développement du jeu moderne à Marseille, le nombre attribué à chaque carte reste important pour sa signification.

Chacune de ces cartes présente un chiffre compris entre 1 et 10 : l'ensemble des nombres au cœur de la numérologie, également appelé « la décade ».
Bien que les différentes traditions du tarot puissent s'inspirer d'un ou de plusieurs systèmes numérologiques (tels que la numérologie pythagoricienne, chaldéenne ou kabbalistique) pour l'interprétation, les descriptions des nombres ci-dessous

sont représentatives des thèmes et associations communs à chaque nombre de la décade. Ces caractéristiques fondamentales peuvent vous aider à mieux comprendre en quoi chaque carte numérotée se distingue des autres dans sa suite.

◊ Le **Un** est le début de ce qui est sur le point de se tramer ou de prendre forme. Représenté par l'As dans chaque suite, il est considéré comme détenant la « graine » ou le potentiel absolu d'une situation. Ce potentiel peut être dormant, et peut même vous être inconnu, tout comme une graine peut être plantée intentionnellement ou arriver inopinément avec le vent. Dans tous les cas, ce potentiel a besoin d'une action et d'un développement supplémentaires pour se manifester, tout comme un point en géométrie a besoin d'un autre point pour créer une droite.

◊ Le **Deux** est la « prochaine étape » nécessaire qui permet au potentiel du Un de devenir quelque chose. En géométrie, un point n'a nulle part où « aller », mais deux points créent une ligne. Dans les arcanes mineurs, ces cartes représentent souvent deux personnes, mais ce nombre peut symboliser les aspects de la dualité, de la polarité, de l'équilibre, des choix et des relations.

◊ Le **Trois** représente la première concrétisation de l'union équilibrée des Deux. C'est la synthèse de l'inspiration, de la coopération et de la croissance. Trois points sont le minimum requis pour que la première forme fermée (le triangle) puisse être créée. Le Trois se retrouve également trois fois (3, 6, 9) dans la décade. Il représente l'expression, la créativité, la manifestation et l'intégration. Le Trois va au-delà du partenariat pour devenir une collaboration de groupe, au-delà de la polarité équilibrée du Deux pour devenir quelque chose de plus qui nécessite un nouvel équilibre complexe, un modèle qui va maintenant se répéter dans le reste des nombres.

◊ Le **Quatre** est un nombre de stabilité et d'achèvement. Ajouté au triangle du Trois, il crée la première forme tridimensionnelle, le tétraèdre. En ce sens, le Quatre est la manifestation de l'idée initiale du Un sous une forme matérielle. Il représente l'équilibre, comme on le voit dans les quatre pieds d'une table, et des fondations solides. Le Quatre est également associé à la justice et aux transactions équitables (comme dans l'expression « c'est carré »). Sa signification métaphysique se retrouve dans les quatre éléments, les quatre directions cardinales et les quatre saisons.

◊ Le **Cinq**, comme le Trois, c'est un nombre d'expansion vers l'extérieur, qui vient perturber la symétrie parfaite du Quatre pour que de nouvelles manifestations puissent avoir lieu. Le cycle de la création exige des changements, qui sont souvent perturbateurs et peuvent provoquer de l'incertitude, des difficultés et même le chaos pendant un certain temps. Cependant, ce déséquilibre stimule un nouveau mouvement, qui ouvre des possibilités de nouveaux développements qui ne pourraient pas se produire autrement.

◊ Le **Six** apporte de l'ordre au chaos du Cinq. Comme le Quatre, c'est un nombre d'équilibre et d'harmonie, mais comme il intègre toutes les étapes de la manifestation du Un jusqu'à présent, sa structure est plus complexe. En tant que premier produit d'un nombre pair et impair, il réconcilie les différences et rétablit l'équilibre. Le Six représente des ajustements réussis à des défis passés, et peut souvent signifier une victoire. Il représente les qualités de compassion et de coopération, de responsabilité et de service aux autres.

◊ Le **Sept** est un nombre à forte signification mystique dans les traditions spirituelles du monde entier. On le retrouve dans la nature dans le spectre de la lumière visible, les planètes visibles depuis la Terre et les tons de la gamme musicale. Nous vivons dans le rythme du Sept à travers les jours de la semaine. Le Sept crée une nouvelle dynamique à partir du Six en ajoutant le Un, créant ainsi de nouveaux changements et opportunités. Il représente les choix, le mystère, l'incertitude, la spiritualité, la sagesse et le potentiel de perfection.

◊ Le **Huit** ramène l'énergie de l'équilibre et de la symétrie, maintenant en tant que double du quatre. La ligne continue du Huit ressemble au symbole de l'infini. Il y a une stabilité sur les plans matériel et spirituel, car les circonstances s'harmonisent avec l'ordre cosmique de l'Univers. Cela apporte une énergie et une puissance nouvelles pour atteindre les objectifs, organiser et intégrer ce qui s'est manifesté jusqu'à présent, et rapprocher les choses de leur achèvement. Le Huit représente le progrès, la capacité, la régénération, le succès et le pouvoir personnel.

◊ Le **Neuf** est le dernier nombre à un seul chiffre et, en tant que tel, il symbolise la fin d'un cycle, mais dans le système numérologique de la décade, l'achèvement final est encore à venir. Le Neuf apparaît dans chaque multiple de lui-même sous la forme d'une addition des chiffres du multiple, représentant les modèles de perfection que l'on trouve dans tout l'Univers. C'est le triple du Trois, une configuration mystique et puissante. Il représente l'affirmation, l'aboutissement et la certitude du succès, ainsi que les frontières, les limites et la force.

◇ Le **Dix** contient les propriétés du Un, mais à un niveau supérieur. En tant que dernier nombre de la décade, il complète tout ce qui est resté inachevé ou non résolu dans le Neuf, et prépare le terrain pour le prochain cycle de manifestation. Le Dix représente la plénitude, l'accomplissement et la récolte des bénéfices d'un effort persistant. C'est un nombre de résolution, de consolidation et de préparation à de nouveaux départs.

Avoir une idée de la signification ésotérique des nombres individuels peut ajouter une profondeur énorme à votre compréhension des cartes, surtout lorsqu'il s'agit de cartes non illustrées. Mais si vous n'avez pas d'expérience en numérologie, ne vous inquiétez pas : vous pourrez toujours accéder aux interprétations de toutes les cartes, que ce soit par le biais de ce guide, du guide de votre jeu personnel ou d'autres sources sur le tarot.

Si vous constatez qu'un certain nombre ou une certaine paire de nombres apparaît régulièrement dans vos lectures, cela vaut la peine de chercher leur signification ésotérique, car l'Univers essaie certainement de vous dire quelque chose.

LES CARTES DE COUR

Également connues sous le nom d'« Arcanes de la Cour », les quatre cartes de chaque suite (Valet, Cavalier, Reine et Roi) mettent en lumière des aspects de la personnalité et du caractère. Elles peuvent représenter des personnes impliquées dans une situation, mais elles parlent souvent de la façon dont les gens se comportent par rapport à la situation, ou des qualités personnelles requises pour la gérer avec succès.

Basé sur les concepts européens médiévaux de la noblesse, chaque carte de cour a un rang dans la hiérarchie, avec le Valet au « niveau d'entrée » et la Reine et le Roi au sommet. Ces rangs représentent différents niveaux d'expérience et de maturité dans le domaine que la suite représente : inspiration, émotion, action ou manifestation.

♦ *Les Valets*

Dans ce contexte, les Valets représentent des personnes plus jeunes, qui débutent dans le domaine d'expérience représenté par la suite. Par exemple, le Valet des Deniers peut apparaître dans une lecture concernant un nouvel emploi potentiel.

♦ *Les Cavaliers*

Les Cavaliers sont plus expérimentés dans leurs domaines respectifs, mais ne sont pas toujours assez mûrs pour savoir comment canaliser avec succès leur énergie hautement chargée. Le Cavalier d'Épée, par exemple, peut indiquer que quelqu'un agit de manière irréfléchie pour atteindre un objectif sans envisager toutes les conséquences.

♦ *Les Rois et les Reines*

Dans les cartes à jouer ordinaires, le Roi est généralement « supérieur » à la Reine, mais dans le tarot, les deux peuvent être considérés comme les incarnations masculine et féminine de la maturité et de la maîtrise d'une situation. Dans cette optique, la Reine de Coupe peut représenter les idéaux du recours à l'intelligence émotionnelle pour le bénéfice de tous, tandis que le Roi de Bâton peut désigner un conseiller sage et digne de confiance.

COUP DE PROJECTEUR

Les noms des cartes

Comme c'est le cas pour de nombreux autres aspects du tarot moderne, tous les jeux n'utilisent pas les noms traditionnels des arcanes de cour. Certains jeux remplacent le Valet par le Page, tandis que d'autres utilisent la Princesse et le Prince à la place des cartes Valet et Cavalier. Cette dernière approche permet d'équilibrer les représentations des sexes, contrairement aux cartes de figures originales qui contenaient trois rôles masculins et un seul rôle féminin. Dans d'autres jeux de cartes modernes, les Valets et même les Cavaliers peuvent être illustrés par des femmes afin de respecter un certain équilibre

Les arcanes de cour peuvent également faire référence à des événements ou des développements spécifiques dans le contexte de la lecture. Les Valets, dont les fonctions consistaient traditionnellement à transmettre des messages aux nobles qu'ils assistaient, indiquent souvent que des nouvelles vont vous parvenir. Les Cavaliers annoncent une action soudaine et/ou un changement rapide dans votre situation. Les Reines représentent des idées créatives et des plans qui se réalisent pleinement, tandis que les Rois signifient une maîtrise dans la façon dont vous gérez tout ce qui se présente à vous.

CORRESPONDANCES ÉSOTÉRIQUES

Jusqu'à présent, nous avons vu que chaque carte du jeu de tarot a sa propre signification symbolique distincte basée sur l'archétype auquel elle se rapporte (arcane majeur), le caractère ou les traits de personnalité qu'elle représente (arcane de cour), ou sa suite et son nombre (arcane mineur). En plus de ces identifiants basiques, d'autres correspondances ésotériques ont été intégrées au jeu au fur et à mesure de son évolution au cours des siècles précédents.

▼ Des correspondances multiples

Comme nous l'avons vu précédemment, Lévi percevait des corrélations structurelles entre le tarot et les traditions ésotériques de la Kabbale (qui, à ce moment-là, avait été absorbée par la Tradition du Mystère Occidental en pleine évolution sous le nom de Kabbale Hermétique, indépendamment de son contexte religieux judaïque). Il considérait, comme d'autres érudits occultes, que les 22 cartes des arcanes majeurs étaient liées aux 22 lettres de l'alphabet hébreu, qui ont leurs propres significations ésotériques, et trouvaient des correspondances dans les arcanes majeurs et mineurs avec la tradition spirituelle kabbalistique de l'Arbre de vie. Plus tard, Waite et d'autres membres de l'Aube Dorée ont attribué des planètes et des signes du zodiaque aux arcanes majeurs[2].

De nombreuses traditions de tarot intègrent encore des éléments de la Kabbale hermétique à des degrés divers dans leurs interprétations des cartes, et il existe des tirages particuliers et même des jeux de cartes qui sont centrés sur ce lien. Mais le sujet de la Kabbale/Qabalah est bien trop complexe pour être abordé dans ce guide, et vous n'avez pas besoin de le comprendre pour réussir à lire les cartes de tarot.

Toutefois, si vous êtes intrigué, il peut s'agir d'une option enrichissante à explorer. Ainsi, ceux qui étudient l'astrologie peuvent trouver que les associations planétaires et zodiacales amélioreront leurs interprétations des cartes. Pour l'instant, nous allons nous concentrer sur le domaine le plus significatif et le plus accessible aux débutants en matière de correspondances ésotériques que sont les éléments classiques, qui font partie depuis longtemps du « tissu » métaphysique du jeu de tarot.

▼ Les suites et les éléments

Les éléments (la Terre, l'Air, l'Eau et le Feu), étaient considérés par les Grecs de l'Antiquité comme les éléments constitutifs de toute chose dans la réalité physique. De nombreuses autres cultures anciennes détenaient des concepts similaires. Bien que nous sachions aujourd'hui qu'il s'agit d'une simplification excessive

2. Dans le processus, ils ont décidé d'inverser l'ordre des cartes de La Force et de La Justice. Cette décision n'a pas été universellement acceptée, de sorte que les jeux d'aujourd'hui peuvent refléter soit l'ordre original du Tarot de Marseille, soit l'ordre révisé du jeu de Waite-Smith.

au sens littéral, nous pouvons toujours considérer les éléments comme des forces énergétiques fondamentales en jeu dans nos vies.

Dans le contexte du tarot, les associations avec les éléments peuvent aider à éclairer les situations sur lesquelles nous nous interrogeons. Au fil du temps, divers occultistes ont attribué des éléments aux arcanes majeurs et mineurs, en utilisant divers raisonnements et sources ésotériques. Par conséquent, ces correspondances peuvent varier d'un jeu à l'autre, bien qu'il demeure une certaine cohérence.

Les correspondances des cartes des arcanes majeurs varient tellement qu'une discussion à leur sujet dépasse le cadre de ce guide.

Toutefois, les quatre suites des arcanes mineurs s'accordent naturellement avec les quatre éléments, et ces correspondances, ainsi que les associations numérologiques décrites précédemment, peuvent être particulièrement utiles en ce qui concerne les cartes numérales.

♦ *Coupes et Eau*

Dans la plupart des traditions, les Coupes sont associées à l'élément Eau, qui prend toujours la forme de ce qui le contient et suit la voie de la moindre résistance. L'Eau est également le domaine de l'émotion. Les Coupes peuvent donc illustrer des questions de cœur et/ou de réceptivité psychique, et peuvent nous conseiller de nous ouvrir aux autres ou d'établir des limites utiles.

♦ *Deniers et Terre*

Les Deniers sont associés à l'élément Terre, car ils ont trait à l'abondance, à la sécurité et à l'importance d'être ancré dans la réalité matérielle. Ces cartes parlent souvent de questions liées à l'argent, à la carrière et au foyer. Cependant, elles peuvent aussi nous rappeler de garder les pieds sur terre au milieu d'une activité mentale et/ou émotionnelle intense, et d'apprécier l'expérience physique d'être en vie.

♦ *Bâtons et Feu*

Les Bâtons sont le plus souvent associés au Feu, car les cartes de cette suite évoquent la passion et l'énergie qui accompagnent l'initiative et l'inspiration créative. Le Feu est l'élément de la transformation, et les Bâtons représentent l'« étincelle » de l'inspiration qui se transforme en action et en manifestation. Toutefois, certains systèmes considèrent que l'inspiration se situe dans le domaine de l'Air, qui est également associé aux pensées, à la rêverie et à d'autres activités mentales.

♦ *Épées et Air*

Les Épées sont associées à l'Air, car elles sont considérées métaphoriquement comme coupant l'illusion et aiguisant l'intellect. Elles évoquent l'utilisation de la logique et de la raison pour résoudre les problèmes ; tous les aspects de l'activité mentale. D'autres traditions soulignent l'aspect action des Épées et les relient donc au Feu, car c'est finalement l'action qui transforme la réalité. Le fait que les Épées soient littéralement forgées dans le feu joue également dans cette association.

Maintenant que vous profitez d'une compréhension de base de la façon dont le Tarot est apparu, de la structure du jeu et de la façon dont chaque type de cartes peut révéler différentes nuances de sens, il est temps d'adopter une approche pratique des cartes.

Dans la deuxième partie, vous trouverez des conseils pour commencer à utiliser votre propre jeu, une orientation pour travailler avec les tirages du tarot, et quelques conseils généraux pour réussir vos lectures. Alors, si vous êtes prêt·e, je suis impatiente de vous faire découvrir comment pratiquer l'art du tarot !

IV
L'EMPEREUR

L'ART DE LIRE LE TAROT

IV
L'EMPEREUR

VOTRE ORACLE PERSONNEL

Traditionnellement, l'acte de divination était considéré comme le domaine d'une minorité de personnes, celles qui possédaient des capacités spéciales : les mystiques, les médiums et les voyants du monde. Pendant des millénaires, les communautés ont désigné un rôle pour les personnes dotées de ces dons, le rôle de voyant, de devin ou de sorcier. Les personnes qui s'interrogeaient sur les événements à venir ou sur la cause sous-jacente d'un malheur se rendaient chez le devin, qui pratiquait le rituel de divination approprié et partageait les messages communiqués par le monde des esprits. Bien que cette tradition ait été largement poussée à la clandestinité en Occident par la propagation du christianisme, elle n'a jamais complètement disparu. Ainsi, lorsque l'influence du tarot a commencé à se répandre, il était naturel pour les médiums et les voyants de l'adopter dans leurs pratiques. Aujourd'hui, la lecture du tarot est un commerce florissant pour certains qui sont très doués dans cet art.

« Nous bénéficions tous de notre propre capacité à accéder à la sagesse divine. »

De plus en plus de personnes adoptent une approche personnelle des cartes et apprennent à lire elles-mêmes. Il s'agit là d'une rupture avec la tradition, qui estimait que si l'on voulait une lecture, il fallait s'adresser à un tarologue, même si on l'était soi-même. C'est peut-être en partie la raison pour laquelle le tarot est toujours entouré d'un léger tabou, car cela suggère que l'énergie disponible dans cette forme de divination pourrait en quelque sorte être nuisible.

Bien qu'il y ait certaines considérations à prendre en compte avant de lire les cartes pour soi (que nous aborderons plus loin), nous bénéficions tous de notre propre capacité à accéder à la sagesse divine, et le tarot peut être un outil très efficace pour y parvenir. De nos jours, plutôt que de devenir des lecteurs professionnels, de nombreuses personnes lisent pour elles-mêmes, en utilisant le tarot comme un moyen d'obtenir une vision personnalisée du rôle de l'Univers dans leur vie quotidienne.

▾ Travailler avec vos propres questions

En fait, même si vous aspirez à apprendre à lire le tarot pour d'autres personnes, il est préférable d'apprendre à connaître les cartes en s'exerçant sur soi. Travailler avec vos propres questions personnelles peut vous aider à établir une compréhension basique de chaque carte, que vous développerez au fur et à mesure que vous expérimenterez avec différents types de questionnements et de tirages.

Au fil du temps, vous évoluerez vers une relation très individualisée avec vos cartes, et cette expérience vous aidera dans toutes les lectures que vous ferez à d'autres personnes.

▼ Varier les lectures

Ceci étant dit, consulter un lecteur expérimenté, surtout si vous êtes novice dans le domaine du tarot, reste une excellente idée. Se faire une idée du processus global d'une lecture, sans avoir à se soucier de l'interprétation des cartes, est une excellente première étape pour les débutants.

Mais il est également bon pour les lecteurs plus expérimentés de demander à quelqu'un d'autre de lire pour eux, au moins à l'occasion. Une perspective extérieure peut offrir de nouveaux angles de vue auxquels vous n'avez probablement pas accès lorsqu'il s'agit de vos propres questions, même si vous êtes capable d'être objectif dans vos lectures. Donc, si vous pouvez trouver un lecteur de tarot, cela vaut la peine de vous offrir une séance.

Si vous ne connaissez personne qui tire les cartes dans votre région, essayez des lectures en ligne. Vous pouvez également rechercher sur Internet des lectures de tarot préenregistrées pour votre signe astrologique. Ces lectures sont souvent très générales, car les cartes sont tirées pour de grands groupes de personnes. Mais cela peut être un moyen amusant de découvrir différents styles de lecture, de jeux et d'interprétations des cartes, à mesure que vous progressez dans votre compréhension du tarot.

Les informations contenues dans cette section du guide sont présentées en partant du principe que vous lisez principalement pour vous-même, mais une grande partie de ces informations s'applique également à la lecture pour les autres. Vous trouverez des suggestions pour choisir votre premier jeu de tarot, ainsi que des stratégies pour vous familiariser avec chaque carte. Vous apprendrez ensuite deux tirages standard qui constitueront d'excellents points de départ pour vos premières lectures. Vous trouverez également une décomposition étape par étape du processus de lecture, des options pour adapter l'approche à votre style unique, et des conseils pour tirer le meilleur parti de la lecture des cartes pour vous-même.

IV
L'EMPEREUR

VOTRE JEU DE TAROT PERSONNEL

En ce qui concerne la disponibilité des jeux de tarot, nous vivons véritablement un âge d'or. Des centaines de jeux sont accessibles dans le commerce, et de nouveaux jeux sortent en permanence. Chaque jeu propose sa propre ambiance et son style, et il est probable que chaque jeu ne vous offre pas la même qualité de lecture.
L'éventail des approches parmi ces jeux (en termes d'illustrations, de noms de suites et de cartes, de symbolisme et d'interprétations) dépasse certainement tout ce que les occultistes français du XVIIIe siècle auraient pu imaginer ! Pourtant, cette variété sans précédent peut s'avérer écrasante pour ceux qui débutent. Lorsque vous cherchez votre premier jeu, par où commencer ? Voici quelques points à prendre en compte lorsque vous parcourez les possibilités qui s'offrent à vous.

TROUVER LE JEU QUI VOUS CORRESPOND

Tout d'abord, sachez qu'il est préférable de se rendre en librairie pour découvrir les jeux en vrai. Certains magasins ne vous permettront pas d'ouvrir la boîte et de regarder les cartes, mais vous pourrez vous faire une idée de l'esthétique générale du jeu. Dans tous les cas, vous aurez une idée de la taille des cartes et de l'énergie du jeu simplement en tenant la boîte dans vos mains, et vous serez en mesure de comparer quelques jeux entre eux. Vous pourrez également demander au commerçant de vous conseiller selon vos intérêts et votre niveau d'expérience.
Si vous préférez acheter votre jeu en ligne, cela peut vous offrir plus d'options. Cependant, quelle que soit la voie que vous choisissez, essayez de voir autant de cartes que possible dans le jeu avant de vous engager. Souvent, vous trouverez des images de la plupart, voire de toutes les cartes des jeux les plus populaires avec un bon moteur de recherche sur Internet. Cela vaut vraiment la peine de faire cette démarche. Sinon, vous risquez d'acheter un jeu en vous basant sur l'apparence de la ou des cartes figurant sur la boîte, pour ensuite l'ouvrir et réaliser que vous n'aimez pas l'esthétique du reste du jeu.

▼ L'importance de l'esthétique

En fait, le graphisme des cartes est peut-être l'aspect le plus important à prendre en compte lorsque vous parcourez les jeux de tarot. Si vous n'appréciez pas l'esthétique visuelle des cartes, il est peu probable que vous parveniez à générer une expérience positive de vos lectures. Assurez-vous donc que les suites, l'imagerie et la sensation générale des cartes vous conviennent. Écoutez votre intuition lorsque vous examinez chaque jeu. Si vous ne vous sentez pas attiré par les cartes, alors ce n'est pas le jeu qu'il vous faut.

Un autre facteur important, en particulier pour les débutants, est de savoir si les images sur les cartes numérales représentent des illustrations ou simplement des dessins abstraits. Comme nous l'avons vu précédemment, les cartes numérales illustrées, comme ceux que l'on trouve dans le jeu de Waite-Smith, peuvent permettre une plus grande variété d'interprétations que celles qui représentent simplement le nombre de la suite (comme 3 Épées, 4 Coupes ou 5 Bâtons), sans aucune scène ou histoire. Pour ceux qui sont moins orientés sur l'aspect visuel et/ou ceux qui ont une forte résonance avec les significations symboliques des nombres, les cartes numérales non illustrées peuvent très bien fonctionner. Il s'agit d'un choix personnel, mais il faut y réfléchir avant de s'engager pour un jeu.

▼ Les livrets d'interprétation

Enfin, la plupart des débutants ont intérêt à choisir un jeu accompagné d'un livret d'instructions. Comme chaque jeu est unique, les nuances de signification de chaque carte peuvent différer de celles présentées dans le Waite-Smith ou d'autres jeux plus traditionnels. Un livret peut vous aider à vous familiariser avec la vision du créateur pour ces versions spécifiques des cartes. Il est vrai que certains livrets contiennent des significations de cartes très brèves, mais les nouveaux créateurs de jeux de tarot proposent souvent des guides détaillés qui constituent des livres à part entière. Les livrets, quelle que soit leur longueur, ont également tendance à inclure un ou deux modèles de tirages.

Si votre jeu est accompagné d'un livret, vous constaterez qu'il présente à la fois des similitudes et des différences par rapport aux significations des cartes fournies dans ce guide. Les similitudes peuvent renforcer votre concept global de chaque carte, tandis que les interprétations contradictoires offrent l'occasion de développer davantage votre intuition. La sagesse conventionnelle veut que l'on suive toujours l'interprétation qui se trouve dans le livret d'instructions du jeu, mais si le vôtre ne fournit que deux ou trois mots par carte, cela peut ne pas s'avérer très utile. Dans ce cas, regardez les cartes qui entourent la carte en question pour plus de conseils et, comme toujours, écoutez votre intuition.

▼ Modernité ou tradition ?

L'explosion d'intérêt pour le tarot a conduit à de nombreuses innovations fascinantes sur les jeux « traditionnels » de Marseille et de Waite-Smith. Certains utilisent des noms différents pour les suites, comme les Pentacles pour les Deniers, les Athamés pour les Épées, etc.

De nombreux créateurs de jeux ont également réinventé les arcanes majeurs, en conservant le même nombre et le même ordre des cartes, mais en nommant les figures différemment. Par exemple, la carte connue sous le nom « Le Diable » dans les jeux traditionnels peut être appelée « Le Matérialisme », « L'Ego » ou même « La Nature », selon la façon dont le créateur du jeu voit le rôle de cette carte particulière. Dans les jeux qui reflètent une orientation culturelle et/ou spirituelle spécifique, comme les jeux nordiques ou amérindiens, les figures des arcanes majeurs peuvent même être adaptées pour représenter des divinités.

Certains éditeurs ont créé des jeux de cartes « fantaisie » qui tournent autour de thèmes particuliers, de traditions occultes et même d'aspects de la culture populaire, comme les émissions de télévision. Ces jeux vont du délicieusement éclectique au franchement ridicule, et certains dans ce dernier groupe peuvent être plus appropriés en tant qu'objets de collection que comme outils pour de véritables lectures.

Cependant, de manière générale, chaque écart par rapport aux jeux les plus standards offre l'opportunité d'explorer de nouveaux domaines de signification dans le monde global du tarot. Si vous débutez, il peut être toutefois plus judicieux de vous en tenir à un jeu de la catégorie la plus traditionnelle, et de vous tourner vers des jeux plus inhabituels lorsque vous aurez acquis plus d'expérience.

Vous n'arrivez pas à vous décider pour un jeu de tarot ? Et si deux ou plus semblent vous appeler ? Dans tous les cas, prenez autant de jeux que vous le souhaitez. De nombreux lecteurs de tarot conservent plusieurs jeux différents, qu'ils choisissent en fonction de leur humeur ou pour un type de lecture particulier.

Toutefois, lorsque vous débutez, il est généralement préférable d'utiliser le même jeu pendant que vous apprenez les cartes et que vous vous familiarisez avec quelques tirages. Choisissez donc un seul jeu pour commencer, et lorsque vous vous sentirez raisonnablement confiant dans votre lecture, n'hésitez pas à vous tourner vers d'autres.

SE FAMILIARISER AVEC VOS CARTES

Le tarot est comme un nouvel ami complexe et infiniment intéressant. Il vous faudra un certain temps pour apprendre à connaître vos cartes, et de plus en plus d'informations seront révélées à mesure que vous approfondirez votre relation. Prenez donc votre temps, et profitez du déroulement de l'histoire !

▼ Première rencontre

Pour votre première rencontre avec votre jeu, essayez de disposer les cartes en éventail devant vous ou de jeter un œil au jeu pour avoir un aperçu de chaque carte. En général, les nouveaux jeux sont livrés avec toutes les cartes dans l'ordre, en commençant par les arcanes majeurs, puis en passant par chaque suite des arcanes mineurs. Vous pouvez choisir d'étudier une suite à la fois, en commençant par celle qui éveille le plus votre curiosité. Regardez la progression de la suite, en commençant par l'As et en finissant par le Roi. Faites de même avec les arcanes majeurs, en commençant par Le Fou jusqu'au Monde.

Ensuite, prenez le temps d'observer chaque carte du jeu individuellement, sans vous concentrer sur la suite à laquelle elle appartient. Étudiez l'image, en vous efforçant de remarquer les détails. Ensuite, passez lentement à une autre, en vous familiarisant avec la signification de chaque carte au fur et à mesure que vous l'étudiez. Bien sûr, avec 78 cartes, c'est une tâche trop importante pour être accomplie en une seule séance. Essayez de vous réserver du temps une fois par jour, et étudiez 5 à 10 cartes à la fois.

▼ Connexion énergétique

Vous pouvez également vous connecter à votre jeu de cartes à un niveau énergétique, plutôt que cérébral. Certaines personnes placent leurs cartes sous leur oreiller la nuit, afin d'aider leur subconscient à absorber les significations des cartes pendant leur sommeil. Vous pouvez essayer de le faire avec l'ensemble du jeu, ou bien dormir sur une carte à la fois. Cela peut être particulièrement utile pour les cartes qui semblent plus difficiles à comprendre, même si vous les étudiez beaucoup.

▼ Nettoyage du jeu

Une autre façon d'améliorer votre connexion avec vos nouvelles cartes est de les débarrasser de toute énergie impersonnelle ou indésirable, puis de les charger avec votre propre énergie. La purification est fortement recommandée, car le jeu aura été manipulé par diverses personnes tout au long de son parcours, du fabricant à vos mains. Ce résidu énergétique n'est pas nécessairement négatif, mais il est un peu comme de la « poussière » qui pourrait partiellement obscurcir la vision des cartes par votre œil intérieur.

Pour nettoyer vos cartes, vous pouvez passer le jeu dans la fumée d'un bâton de fumigation composé de sauge ou d'autres herbes purificatrices, l'étaler sous la lumière de la pleine lune ou faire sonner une cloche ou un carillon à proximité pour éliminer les anciennes vibrations. Pour obtenir de meilleurs résultats, pensez à retirer les cartes de la boîte et/ou de tout autre emballage.
Pour charger vos cartes, tenez-les dans vos mains et visualisez votre énergie se déplaçant à travers vos doigts et dans chaque carte du jeu. Vous pouvez voir cette énergie comme une lumière bleue, indigo, violette ou blanche. Vous pouvez également poser les cartes à la lumière de la Lune, qui agit à la fois comme un agent de purification et de chargement, ou placer le jeu sur un cristal de roche, une fleur de vie ou un pentacle et visualiser chaque carte vibrant avec une énergie claire, propre et positive.

▼ Ranger son jeu

Veillez à bien choisir comment et où vous rangez vos cartes lorsque vous ne les utilisez pas. Comme toute autre chose, les cartes absorbent l'énergie où qu'elles soient, et si elles sont négligées ou traitées sans soin, la qualité de vos lectures commencera probablement à s'en ressentir.
Certaines personnes pensent que leurs cartes auront plus de clarté et de puissance divinatoire si elles sont conservées dans une pochette ou une boîte spéciale. D'autres aiment les conserver avec un type de cristal spécifique, comme le quartz ou la sodalite bleue. Tout dépend bien sûr de vos préférences personnelles, l'essentiel étant que vous preniez soin de vos cartes.

UNE MÉTHODE POUR TROUVER DES SIGNIFICATIONS

Voici une pratique utile pour s'ouvrir aux messages potentiels de vos nouvelles cartes, en étudiant chaque carte en détail. Comme elle s'appuie exclusivement sur des indices visuels, elle n'est pas idéale pour les cartes des arcanes mineurs non illustrées. Si les arcanes mineurs de votre jeu ne contiennent pas d'illustrations de personnes ou de scènes, vous pouvez sortir toutes les cartes des arcanes majeurs et travailler avec elles séparément.

1. Commencez par formuler une question. Choisissez quelque chose dont vous ne connaissez pas la réponse avec certitude, mais que vous voulez savoir. Il peut s'agir d'une relation, d'une décision professionnelle, ou simplement d'une demande de

« prévisions » pour le jour ou la semaine à venir. Gardez à l'esprit que vous ne travaillerez qu'avec une seule carte, ce qui est rarement suffisant pour répondre à des questions complexes, alors essayez de rester simple. Vous trouverez plus de détails sur la formulation de questions utiles un peu plus loin.
Évitez également les questions pour lesquelles vous ressentez une forte émotion, car cela peut vous distraire du but premier de l'exercice, qui est de remarquer les détails et de permettre à votre esprit réceptif de s'ouvrir. Notez votre question sur une feuille de papier, pliez-la et mettez-la de côté.

2. Mélangez votre jeu de cartes pendant un moment, les cartes tournées vers l'extérieur, en restant concentré sur votre question. Lorsque vous vous sentez prêt, choisissez une carte au hasard. Mettez le reste du jeu de cartes de côté et posez la question.

3. Retournez la carte pour la regarder quelques secondes, puis retournez-la rapidement. Quelle est votre toute première impression ? Par exemple, si vous avez tiré le 3 de Bâtons du jeu Waite-Smith, vous pourriez d'abord remarquer le dos de la figure au centre de la carte, et peut-être une vague impression qu'il y a trois longs bâtons autour de la figure. Fermez les yeux et notez mentalement tous les détails que vous pouvez encore voir sans consulter la carte.

4. Retournez maintenant la carte et prenez le temps de regarder l'image dans son ensemble. Que voyez-vous d'autre ? En utilisant notre carte d'exemple, vous pourriez cette fois identifier le personnage comme étant un homme, et remarquer son bras droit qui tient l'un des bâtons. Que ressentez-vous en continuant à regarder la carte ? L'imagerie semble-t-elle dépeindre un sentiment de paix ? Un sentiment de tristesse ? Prêtez attention à toutes les « intuitions » qui se manifestent, aussi subtiles soient-elles. Il s'agit de votre intuition, activée par l'énergie de la carte.

5. Passez ensuite quelques instants à observer les petits détails. Avec le 3 de Bâtons, vous verrez que le personnage fait face à ce qui semble être un désert, avec une chaîne de montagnes en arrière-plan. Une bande de tissu vert pend sur l'épaule gauche du personnage. Quelles autres suites sont présentes ? Quels autres détails, même infimes, distinguez-vous ?

6. Après avoir passé du temps sur chaque détail, prenez du recul et regardez à nouveau l'image dans son ensemble. Imaginez l'image comme une scène figée dans une histoire plus vaste. Essayez de discerner l'action. Que se passe-t-il ? Pourquoi cela se passe-t-il ? Cet homme est-il sur le point de traverser cette grande étendue ? Ou bien vient-il de le traverser et regarde-t-il maintenant le chemin parcouru ? Utilisez les détails comme indices. Quels messages cette carte pourrait-elle essayer de communiquer, en se basant uniquement sur ce que vous voyez ? Si vous le pouvez, décrivez ce que vous voyez à haute voix et/ou notez vos impressions dans un carnet.

7. Lorsque vous avez examiné la carte en profondeur, en prenant note de chaque détail et de chaque « réponse » intuitive qui a pu vous parvenir, revenez à la question que vous avez formulée au début de cet exercice. Réfléchissez à vos observations de la carte à la lumière de cette question. Quels sont les détails et/ou les messages possibles qui semblent significatifs ? Lesquels ne le sont pas ? N'hésitez pas à explorer cette question aussi longtemps que vous le souhaitez.

COUP DE PROJECTEUR

Prenez le temps d'apprendre à distinguer ce que vous ressentez lorsque vous essayez de « comprendre » une interprétation avec votre esprit pensant, et ce que vous ressentez lorsque vous recevez simplement des impressions qui coulent sans effort dans votre conscience.

8. Si, au bout d'un certain temps, vous ne ressentez aucune sorte de « réponse », essayez à nouveau avec une autre carte. Vous pouvez essayer de tirer des cartes différentes jusqu'à ce que vous tombiez sur une carte qui vous intéresse vraiment, et/ou essayer une question différente.

Vous pouvez utiliser cette approche avec une carte par jour jusqu'à ce que vous ayez parcouru tout le jeu.

LES CARTES INVERSÉES

De nombreuses traditions du tarot emploient le concept de cartes « inversées », c'est-à-dire des cartes qui apparaissent à l'envers lors d'un tirage. Les cartes inversées peuvent être interprétées comme ayant une signification opposée à leur position « à l'endroit », mais, en pratique, ce n'est pas toujours aussi simple. Par exemple, lorsque la signification de la carte à l'endroit est négative ou défavorable, la signification inversée peut simplement être un degré plus intense de la même interprétation. La carte inversée peut également mettre l'accent sur un angle spécifique du thème représenté par la carte dans son ensemble.

Les lecteurs qui utilisent les cartes inversées trouvent qu'elles ajoutent une profondeur supplémentaire à la lecture qui ne peut pas être découverte si toutes les cartes sont orientées dans le même sens. Mais de nombreux lecteurs n'utilisent pas les cartes inversées et choisissent plutôt de mettre l'accent sur la position de la carte dans le tirage, sur le thème général de la carte et sur son interaction avec les autres cartes pour déterminer le ou les aspects de la signification potentielle de la carte sur lesquels se concentrer. Cette approche permet d'éviter d'interpréter la situation d'une personne de manière inutilement négative, tout en mettant en évidence les problèmes potentiels, les questions ou les changements nécessaires que les cartes indiquent.

Il vous revient de décider si vous souhaitez considérer les cartes inversées dans vos lectures. Lorsque vous débutez, il y a beaucoup à apprendre en utilisant uniquement les significations à l'endroit, vous pouvez donc envisager d'attendre d'être plus expérimenté avant de travailler avec les significations inversées. Cela étant, étudier les significations inversées peut vous aider à obtenir un sens plus clairement défini de l'énergie globale, du but et du message de chaque carte.
Et il n'y a aucune raison d'avoir peur des cartes inversées par crainte de « mauvaises nouvelles » car les significations inversées indiquent souvent simplement un manque de bonnes nouvelles ou un retard dans les événements que vous anticipez. Mais plus important encore, **le tarot est un outil de réflexion plutôt que de prédiction**, qui vous aide à comprendre et à gérer les situations afin d'obtenir le meilleur résultat possible.

TRAVAILLER AVEC LES TIRAGES

Un tirage est un modèle établi pour poser les cartes, chacune d'elles étant placée à un endroit spécifique et dans un ordre précis. Chaque position dans le schéma fournit un angle particulier sur la situation que le demandeur (la personne qui demande la lecture, que ce soit vous ou quelqu'un pour qui vous lisez) interroge. Les tirages offrent un moyen de converser avec les cartes et nous aident à «organiser» leurs messages dans un cadre utile pour comprendre les différents aspects de la question posée.

Certains tarologues affirment que plus le tirage est compliqué, plus le niveau de compétence requis est élevé, mais ce n'est pas nécessairement vrai. En fait, le tirage de la croix celtique, que nous allons détailler ci-dessous, est souvent recommandé aux débutants, car il fournit un bon exemple de la façon dont les cartes dans différentes positions sont liées les unes aux autres pour fournir une lecture plus complète. Mais tout d'abord, nous allons examiner le tirage classique à trois cartes, qui reste un excellent outil pour vos premières lectures.

▼ Le tirage à trois cartes

Le tirage à trois cartes est parfait pour trouver des réponses à des questions relativement simples et constitue un bon exercice pour se familiariser avec un nouveau jeu. Il peut être réalisé assez rapidement pour chercher des réponses «à la volée».

Lecture chronologique

Traditionnellement, le tirage à trois cartes donne une vue d'ensemble du passé, du présent et du futur du demandeur dans un contexte spécifique. Dans cette disposition, le présent est représenté par la carte au centre, le passé par la carte à gauche et le futur par celle à droite. Les cartes sont posées soit de gauche à droite, soit, dans certaines traditions, en commençant par le centre, puis la gauche et enfin la droite.

“ Le chiffre trois a toujours eu une signification particulière dans le symbolisme occulte, ainsi que dans de nombreuses autres traditions religieuses et mystiques. ”

Le fait de commencer au centre ou à gauche est une préférence personnelle. Lire la carte du présent en premier peut révéler l'angle de la situation dont les cartes parlent, ce qui peut vous aider à voir le passé sous un jour nouveau. Inversement, commencer par le passé peut vous aider à confirmer que les cartes répondent à la question que vous avez posée d'une manière qui a du sens pour vous. Suivez votre instinct ou essayez les deux approches pour voir laquelle vous convient le mieux.

Autres lectures

Le tirage à trois cartes peut également être adapté à une variété d'approches de la question du demandeur. Chaque carte peut représenter un aspect particulier du sujet traité, et vous pouvez désigner les significations selon les positions des cartes afin de répondre à des questions spécifiques à ce sujet.

Par exemple, si vous essayez de décider si vous devez ou non entreprendre une action spécifique, vous pouvez faire en sorte que la carte de gauche représente ce qui se passera si vous le faites et que la carte de droite représente ce qui se passera si vous ne le faites pas. La carte du milieu peut illustrer un conseil pour prendre votre décision.

Voici d'autres exemples de tirages à trois cartes :

◇ *Lecture quotidienne du matin (ou du soir)*

1. Énergies dominantes de la journée à venir
2. Conseils pour naviguer dans ces énergies
3. Résultat si les conseils sont suivis

◇ *Comprendre une relation*

1. Vous dans le moment présent
2. L'autre personne dans le moment présent
3. La connexion entre vous

◇ *Faire un état des lieux*

1. Votre corps physique
2. Votre état émotionnel
3. Votre paysage spirituel/énergétique

Quelle que soit la façon dont vous concevez votre tirage à trois cartes, veillez à être clair dans votre esprit lorsque vous choisissez et posez les cartes. Il peut être utile de formuler avec précision ce que représente la position de la carte lorsque vous la posez. Par exemple, lorsque vous posez la carte n°1, vous pouvez dire « Les énergies du jour » à haute voix.

Ce tirage peut également être employé dans le cadre d'une lecture générale sans question spécifique, mais il n'est pas vraiment idéal dans ce cas, car il ne permet pas d'obtenir des informations détaillées. En d'autres termes, sans question, il peut être difficile de déterminer quel aspect de la vie du demandeur est visé par les cartes.

▼ Le tirage de la croix celtique

La croix celtique reprend certains aspects du tirage à trois cartes, mais va bien au-delà des positions passé, présent et futur pour offrir une vision beaucoup plus détaillée et nuancée. Les cartes sont disposées de manière à ressembler à une croix carrée (d'où le nom), accompagnée d'une ligne verticale de quatre cartes à droite. D'abord introduite dans la communauté occulte par l'Aube Dorée, la croix celtique a évolué au fil du temps en de nombreuses versions. Si vous cherchez des exemples en ligne, vous verrez qu'il y en a une multitude. La plupart utilisent dix cartes, mais quelques-uns en emploient onze, et l'ordre et les titres des positions peuvent varier considérablement.

La version ci-dessous représente un jeu de dix cartes assez standard, avec les désignations de positions les plus courantes. Essayez d'employer cette version pour une lecture ou deux, puis expérimentez d'autres variantes jusqu'à ce que vous trouviez celle qui vous convient.

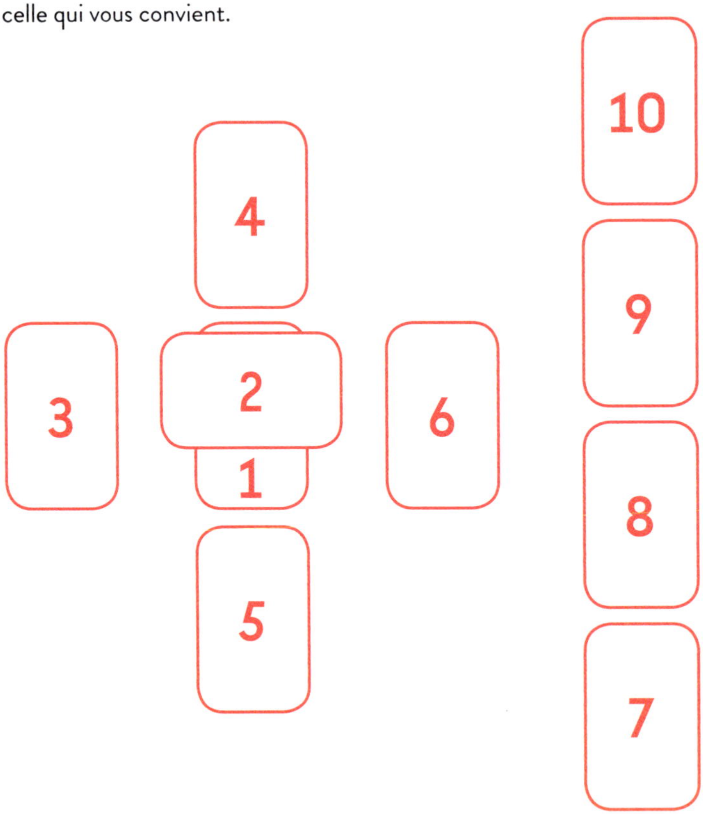

1. Soi

Cette carte reflète l'état d'esprit du demandeur par rapport à la question et/ou la façon dont il se perçoit par rapport à la situation.

2. La situation

Cette carte reflète la préoccupation principale du demandeur dans la lecture. Elle se situe au-dessus de la carte du Soi et la « croise », car elle représente généralement un dilemme auquel le Soi se sent confronté. Il peut s'agir de prendre une décision, d'être confus à propos de quelque chose, ou de vouloir changer quelque chose. Quelle que soit la situation, les autres cartes de la lecture s'additionneront pour en donner une vision élargie.

3. Le passé récent

Cette carte représente le passé et les événements qui s'éloignent du centre d'intérêt actuel. Elle peut faire la lumière sur ce qui s'est passé et qui est à l'origine de la situation. Elle sert également à confirmer au demandeur que les cartes répondent à sa question, car elle reflète généralement un événement ou un sentiment identifiable que le demandeur a récemment vécu.

4. Guidance supérieure

Cette carte représente le Moi supérieur du demandeur et la guidance qui est disponible lorsque le demandeur cherche une vue d'ensemble de la situation. Elle peut indiquer les leçons de vie ou les opportunités de développement de l'âme qui se présentent à travers la situation.

5. Influences fondamentales

Cette carte indique les influences qui sont à la base de l'expérience du demandeur dans la situation. Il peut s'agir de croyances non examinées, de souvenirs, de leçons tirées d'expériences antérieures, et éventuellement d'émotions refoulées, ainsi que de la sagesse et des connaissances utiles que le demandeur a acquises jusqu'à présent sur son chemin de vie. Cette carte révèle souvent des informations dont le demandeur n'est pas conscient et sa lecture peut nécessiter une volonté d'interroger sa part d'ombre.

6. Futur proche

Cette carte représente les événements qui vont bientôt se produire. Il ne s'agit pas d'une indication du résultat global, mais plutôt de la prochaine étape dans le déroulement de la situation. Elle peut être considérée comme un avantage et, si elle est défavorable, comme une opportunité de changer rapidement de cap en fonction des informations et des conseils fournis par les autres cartes.

7. Espoirs et craintes

Cette carte représente les espoirs, les rêves et les craintes du demandeur quant à l'avenir de la situation. L'espoir et la peur sont souvent les deux faces d'une même pièce, l'une représentant le résultat souhaité et l'autre le résultat non souhaité. Cette carte peut aider à révéler les peurs cachées qui empêchent le demandeur d'atteindre un objectif, comme la peur paradoxale d'obtenir ce que l'on désire.

8. Influences extérieures

Cette carte reflète l'atmosphère et les influences (les personnes, les événements et les énergies), qui affectent immédiatement le demandeur et/ou la situation. Cette carte indique souvent des facteurs extérieurs qui sont hors du contrôle du demandeur. Elle peut également refléter le(s) point(s) de vue d'autres personnes impliquées.

9.Conseil

Cette carte indique ce que le demandeur devrait faire (ou arrêter de faire) afin d'obtenir un résultat souhaité, ou du moins éviter ou minimiser un résultat non souhaité. Cette carte peut conseiller une action spécifique, mais elle peut aussi éclairer une perspective utile à adopter ou un message à garder à l'esprit tandis que le demandeur navigue dans la situation.

10. Résultat potentiel

Cette carte indique l'issue à long terme de la situation en fonction des autres cartes de la lecture, et est souvent interprétée par le demandeur comme la réponse à la question qui a motivé la lecture. Cependant, cette carte n'est qu'une indication de ce qui est susceptible de se produire en fonction de l'approche actuelle de la situation par le demandeur. L'avenir n'est jamais figé, aussi, si la carte Résultat n'est pas favorable, il est toujours possible de changer de cap. Revoyez la lecture dans son ensemble et concentrez-vous sur les cartes qui indiquent ce que le demandeur peut faire pour obtenir un meilleur résultat. Il peut également être utile de tirer une ou deux cartes supplémentaires si une clarification ou des informations supplémentaires sont nécessaires.

Au-delà de ces deux classiques, il existe de nombreux types de tirages, alors n'hésitez pas à faire vos propres recherches. Les tirages peuvent aller de la lecture d'une carte à des dispositions qui impliquent 12 cartes ou plus.

Selon la question au cœur de la lecture, certains tirages seront probablement plus utiles que d'autres. N'ayez donc pas peur d'expérimenter différentes possibilités jusqu'à ce que vous trouviez celle qui vous convient.

IV
L'EMPEREUR

DÉROULÉ D'UNE LECTURE DE TAROT TRADITIONNELLE

Même si vous lisez principalement (ou exclusivement) le tarot pour vous-même, il est toujours utile d'apprendre comment se déroule une lecture traditionnelle entre un lecteur et un demandeur. Vous pourrez ensuite adapter votre propre approche comme bon vous semble.

PRÉPARER UNE LECTURE

Tout d'abord, l'environnement dans lequel se déroule une lecture est une considération importante. Il va sans dire qu'il ne doit y avoir aucune distraction extérieure susceptible d'interrompre le flux d'informations qui parvient à la fois au lecteur et au demandeur, mais il est également conseillé de créer une ambiance qui facilite une lecture claire et perspicace.

Créer un espace propice au tirage

L'idéal est de disposer d'une surface désignée pour étaler les cartes. Il peut s'agir d'un tissu spécial, d'un petit tapis posé directement sur le sol ou d'une table dégagée sans éléments extérieurs (téléphones ou piles de courrier par exemple) susceptibles d'encombrer l'énergie de la lecture. Des bougies et un ou deux cristaux seront également appréciables, mais ne sont pas strictement nécessaires. L'essentiel est d'établir un espace propice à la concentration sur les cartes et les messages qu'elles offrent.

Nettoyer les énergies

Le fait de purifier l'espace avec de la sauge ou d'autres herbes purificatrices peut faire des merveilles pour débarrasser l'air des énergies stagnantes ou de toute énergie indésirable qui pourrait être attirée par l'ouverture de la réceptivité du sixième sens. Cela n'est pas nécessaire pour chaque lecture, surtout dans un espace qui est constamment utilisé pour les lectures.

Se recentrer

Il est tout aussi important que le lecteur soit bien ancré et centré avant le début de la lecture. Pour cela, on peut pratiquer une purification du corps et de la zone située juste au-dessus de la tête, faire une médiation silencieuse pendant quelques instants, visualiser un cercle protecteur de lumière blanche autour de l'espace de lecture, formuler des mots d'intention pour une lecture réussie ou même combiner toutes ces méthodes. Cette étape permet au lecteur de rester concentré au milieu de l'effet souvent « tourbillonnant » des impressions psychiques qui se manifestent lorsque les cartes sont révélées et examinées.

FORMULER LA QUESTION

En général, les gens demandent une lecture du tarot parce qu'ils veulent en savoir plus sur un problème ou un aspect spécifique de leur vie, que ce soit dans un domaine extérieur (par exemple le travail, l'argent ou la famille), ou un domaine intérieur (bien-être émotionnel et psychologique, découverte de soi ou développement spirituel).
Ce n'est pas toujours le cas, il est tout à fait possible et normal de tirer les cartes pour une lecture « générale » et de voir ce qui en ressort. Mais pour ceux qui débutent, le fait d'avoir une question comme point central de la lecture permet de réduire les interprétations possibles d'une carte donnée et d'attribuer une forme distincte aux messages qui en découlent.
Un autre avantage est que le fait de formuler une question vous permet d'être plus clair sur ce que vous voulez savoir avant le début de la lecture.

Poser la bonne question

Il y a toujours une façon de formuler la question de manière avantageuse. Pour les débutants, il est préférable d'éviter les questions du type « oui ou non », car il peut être difficile d'interpréter les cartes de manière précise dans ce type de lecture.
Il n'y a pas de cartes dans le jeu qui signifient « oui » ou « non » au sens littéral du terme. Ainsi, « Vais-je obtenir un nouvel emploi cette année ? » n'est pas une question idéale. Vous pourriez plutôt essayer « Que dois-je savoir sur ma situation professionnelle dans un avenir proche ? » ou « Quelle serait la meilleure façon de trouver un nouvel emploi ? » En gros, vous recherchez un mélange de spécificité et d'ouverture qui permette aux cartes de vous éclairer grâce à leur langage unique de symbolisme et de suggestion.

Le premier mot de votre question peut vous aider à savoir si vous êtes sur la bonne voie. Par exemple, il est souvent difficile (mais pas impossible) d'obtenir des réponses claires aux questions « Qui » et « Quand ». En revanche, les questions « Comment », « Quoi » et « Pourquoi » peuvent ouvrir la voie à une grande perspicacité.

Partager la question

Le demandeur peut communiquer ou non sa question au lecteur, selon les préférences de chacun. Certains lecteurs trouvent utile de savoir quel sera l'objectif de la lecture dans l'esprit du demandeur, tandis que d'autres préfèrent interpréter les cartes « à l'aveugle », pour s'assurer qu'ils ne laissent pas leur propre sens de la logique interférer avec le processus intuitif.

Certains demandeurs peuvent estimer que leur question est trop personnelle pour être partagée avec le lecteur, et préfèrent garder leur processus de pensée privé au cours de la lecture. D'autres préfèrent laisser le centre d'intérêt de la lecture circuler et livreront des informations au fur et à mesure que les cartes mettent en lumière différents aspects de la situation. Dans ce cas, à condition que le demandeur ait suffisamment confiance en lui, la conversation qui se déroule entre le lecteur, les cartes et le demandeur peut considérablement améliorer la clarté de la lecture.

MÉLANGER, COUPER ET TIRER LES CARTES

Après l'interprétation proprement dite des cartes, le mélange du jeu est peut-être l'étape la plus importante du processus de lecture, car c'est l'acte qui signale à l'Univers que l'on cherche à communiquer.

Mélanger pour préparer la lecture

Le mélange des cartes doit toujours avoir lieu avant une lecture, même si vous tirez une carte pour vous-même sur un coup de tête. Sinon, d'un point de vue énergétique, c'est comme si vous regardiez les « nouvelles d'hier ». Le mélange est important pour réorganiser physiquement les cartes de manière aléatoire, mais aussi pour l'acte métaphysique consistant à avoir l'intention de réussir la lecture tout en manipulant physiquement les cartes.

Il existe plusieurs façons d'aborder le mélange des cartes, et des théories différentes sur la question de savoir qui, dans une lecture traditionnelle, doit s'en charger.

Certains lecteurs préfèrent que l'énergie personnelle de quelqu'un d'autre n'entre pas en contact physique avec leurs cartes, et mélangent donc toujours le jeu eux-mêmes. D'autres souhaitent que l'énergie du demandeur se mélange à celle du jeu afin que les cartes soient plus réactives aux circonstances spécifiques de l'individu. D'autres encore travaillent avec une combinaison des deux approches, en suggérant au demandeur de mélanger les cartes pendant un moment, puis de reprendre le jeu pour finir le travail lui-même.
Si aucune question n'est posée pour la lecture, la personne qui mélange les cartes peut simplement espérer une lecture claire et utile en termes généraux. Si le demandeur mélange les cartes et qu'il a une question non formulée, il peut se concentrer sur sa question, en la répétant silencieusement à plusieurs reprises pendant qu'il manipule les cartes. Si la question est formulée, l'une ou l'autre personne peut se concentrer sur elle tout en mélangeant les cartes, mais le lecteur peut préférer garder une intention générale pour une lecture réussie. Les cartes sont mélangées jusqu'à ce que la personne qui mélange les cartes estime que le moment est venu d'arrêter.

Pour ce qui est de la façon de mélanger les cartes, il existe de nombreuses méthodes, du mélange flashy de style casino à l'étalement des cartes face cachée sur la table et à leur ramassage au hasard, une par une. Il n'y a pas de bonne ou de mauvaise façon de procéder. Assurez-vous simplement que les cartes sont suffisamment déplacées pour qu'au moins la plupart d'entre elles aient changé de place dans la pile, et faites confiance au processus. Si vous incluez des cartes inversées dans la lecture, vous pouvez mélanger de façon à ce que certaines cartes se retrouvent à l'envers dans le paquet.

Couper le jeu

Après le mélange, il est de coutume de « couper » le jeu, bien que tous les lecteurs ne le fassent pas pour chaque type de lecture. Le jeu peut être coupé une, deux ou trois fois, selon les préférences personnelles. Les cartes sont généralement divisées en piles (face cachée), puis remises dans un nouvel ordre avant d'être tirées.

Tirer les cartes

La façon dont les cartes sont tirées varie également beaucoup. De nombreux lecteurs tirent toutes les cartes et les placent eux-mêmes dans l'étalement. D'autres proposent au demandeur de tirer les cartes et lui montrent où placer chaque carte pour créer le tirage. Le jeu entier peut être étalé pour être tiré au hasard, ou la pile peut être conservée intacte pour être tirée par le haut, une carte à la fois, jusqu'à ce que toutes les cartes requises pour le tirage aient été posées. Dans certaines lectures, le jeu peut être divisé en deux ou trois piles, chacune étant tirée à tour de rôle. Vous pouvez expérimenter différentes méthodes pour voir ce qui vous convient le mieux.

RETOURNER ET LIRE LES CARTES

Le moment où il faut retourner les cartes pour révéler leurs images varie également selon les lecteurs.

Certains aiment retourner chaque carte au fur et à mesure qu'elle est tirée, puis la poser face visible à sa place dans le tirage. D'autres gardent les cartes face cachée jusqu'à ce que tout le tirage soit terminé. À ce moment-là, ils peuvent retourner toutes les cartes en même temps, pour avoir une vue d'ensemble du tirage avant de commencer à lire chaque carte individuellement. Cela peut être particulièrement utile pour avoir une idée de la façon dont les cartes interagissent entre elles, avant de plonger dans les détails.

D'autres préfèrent retourner et contempler une carte à la fois, comme s'ils lisaient et absorbaient un chapitre d'une histoire avant de passer au suivant. Encore une fois, l'expérimentation de toutes ces options peut vous aider à déterminer ce qui fonctionne le mieux pour vous.

Avoir une vue d'ensemble

Quelle que soit l'approche que vous adoptez, veillez à vous attarder sur l'ensemble du tirage après avoir examiné chaque carte. Il s'agit d'une bonne occasion de rechercher des modèles, tels que des nombres répétitifs, des cartes d'une suite particulière, et la façon dont les différentes cartes peuvent être reliées les unes aux autres en termes d'imagerie ou de thèmes.

S'il y a plusieurs cartes des arcanes majeurs, par exemple, il est probable que vous soyez en train de traiter (ou que vous alliez bientôt traiter) des énergies ou des événements particulièrement importants. Si vous avez une prédominance de certains nombres ou de certaines suites, jetez un coup d'œil aux descriptions générales de ces cartes dans la première partie de ce guide pour en savoir plus.

CLORE LA LECTURE

Lorsqu'il semble que les cartes ont eu leur mot à dire dans cette lecture particulière, et que le demandeur a suffisamment de nouvelles idées ou d'informations sur lesquelles réfléchir, la lecture peut se terminer. Dans le cas de lectures professionnelles du tarot, cela peut également être déterminé par l'heure, bien que les lecteurs essaient de ne pas s'arrêter brusquement au milieu d'une discussion importante.

Le demandeur peut prendre quelques notes, soit mentalement, soit dans un carnet, pour y réfléchir au cours des jours ou des semaines à venir. Les cartes sont ensuite remises dans le jeu de façon aléatoire, et le jeu est généralement mélangé pour « réinitialiser » son énergie en vue de la prochaine lecture.

IV
L'EMPEREUR

LIRE POUR SOI

Comme nous l'avons mentionné précédemment, lire les cartes pour soi était autrefois considéré comme une entreprise imprudente. Bien qu'il semble que l'écrasante majorité des lecteurs de tarot, qu'ils soient débutants ou expérimentés, se soient débarrassés de cette notion au cours des dernières décennies, il reste néanmoins quelques éléments à prendre en compte lorsque vous lisez vos propres cartes.

Rester objectif

La principale différence entre la lecture pour soi et la lecture pour les autres est peut-être le niveau d'objectivité et de détachement que vous êtes en mesure de maintenir. Lorsqu'il s'agit de la lecture pour une autre personne, il est assez facile de ne pas se sentir personnellement concerné par les cartes qui apparaissent et par ce qu'elles ont à dire. Mais il n'en est pas forcément de même lors de nos propres lectures. Vous pouvez être inconsciemment enclin à interpréter vos cartes sous un jour favorable, en étirant ou même en modifiant le sens que vous associez normalement à une carte donnée jusqu'à ce qu'elle corresponde à ce que vous voulez « entendre ».

Soyez attentif à cette tendance ; il est dans la nature humaine de s'attacher à certains résultats, mais ignorer ce que les cartes essaient de vous dire ne vous apportera pas grand-chose. En fait, vous pouvez finir par limiter la profondeur de votre compréhension générale des cartes et de toutes leurs interprétations possibles si vous essayez de leur faire dire ce que vous voulez.

Bien entendu, votre degré d'objectivité et de réceptivité intuitive dépendra de votre question. Si vous cherchez des conseils pour une décision assez banale, surtout lorsque les deux choix sont acceptables pour vous, vous serez probablement réceptif aux messages clairs. Mais si la question vous tient à cœur, ou si vous espérez vraiment une réponse particulière, il peut être difficile de ne pas essayer de lire les cartes d'une manière qui se conforme au résultat souhaité.

Si vous vous retrouvez à chercher simplement la confirmation de ce que vous espérez entendre, ou si vous cherchez à abandonner la lecture et à recommencer dans l'espoir d'obtenir de « meilleures » cartes (et la plupart d'entre nous ont sûrement été tentés de le faire !), c'est certainement un signe que vous n'êtes pas assez détaché de votre question pour obtenir une lecture claire à ce moment-là. Pour commencer, il est donc préférable de travailler avec des questions auxquelles vous n'êtes pas personnellement lié.

Se faire confiance

Un autre défi pour les débutants est, bien sûr, le doute de soi. Il y a tant de cartes à apprendre qu'il peut être facile de ne pas se sentir à la hauteur lorsqu'il s'agit d'interpréter une carte donnée, ou même une lecture entière. Mais douter de votre capacité à interpréter les cartes avec précision peut et va vous empêcher de vous ouvrir aux messages des royaumes invisibles. Acceptez qu'une ou plusieurs cartes ne soient pas claires au début.

Vous avez besoin de vous entraîner et d'accepter un certain nombre de tentatives et d'erreurs. Vous pouvez consulter les significations fournies dans le livret de votre jeu, et/ou d'autres guides de tarot comme celui-ci, au moins jusqu'à ce que vous sentiez que vous avez atteint un certain niveau de maîtrise de votre jeu. Ne vous inquiétez pas d'être trop dépendant des guides au début, mais essayez de laisser de la place à votre intuition pour qu'elle puisse accomplir son travail.

L'expérience de l'autolecture vous donne l'occasion de reconnaître et d'accepter les « réponses » intuitives plutôt que de vous battre pour une interprétation logique. Si un certain message ou une interprétation « apparaît » soudainement dans votre esprit alors que vous étudiez une carte, prenez-en note et observez comment vous vous sentez par rapport à la recherche de la signification dans votre guide.

S'affranchir de la peur

Enfin, dans le cadre d'une autolecture, il existe un potentiel de peur autour de toute information perçue comme indésirable ou négative, en particulier lorsqu'il s'agit de questions sur l'avenir. En fait, alors que la tendance habituelle est de donner une tournure favorable aux cartes, certains débutants peuvent être enclins à faire le contraire et à s'attendre à toutes sortes de malheurs.

Une fois de plus, l'objectivité est essentielle. Si vous vous énervez sur les cartes de votre tirage, faites une pause et revenez sur le sujet plus tard, lorsque vous aurez pris un peu de recul. Veillez également à bien vous ancrer et vous centrer (comme nous l'avons vu précédemment) afin de ne pas être confronté à des énergies indésirables ou distrayantes.

C'est également là que le concept de réflexion plutôt que de prédiction prend toute son importance. Les cartes ne reflètent jamais que des probabilités basées sur l'endroit où vous vous trouvez à un moment donné dans le temps. Et contrairement aux prévisions météorologiques, si vous n'aimez pas ce qui vous attend, vous pouvez demander aux cartes des conseils pour changer de cap. Enfin, n'oubliez jamais que nous créons notre réalité grâce à nos visions de l'avenir, avec nos habitudes de pensée sur le présent et nos actions. Souvent, nous ne pouvons pas contrôler les circonstances, mais nous pouvons contrôler la façon dont nous y réagissons et, par conséquent, les exploiter à notre avantage. Le tarot est un outil permettant d'acquérir de la sagesse et des conseils sur la manière d'y parvenir.

L'art du tarot demande du temps et de l'expérience pour être maîtrisé. Avec le temps et la pratique, la signification des cartes sera plus évidente, en commençant par les cartes que vous avez tendance à tirer plus souvent, pour finir par inclure le reste du jeu.
En attendant, vous pouvez toujours compter sur les significations établies des cartes pour vous aider, que ce soit dans le livret qui accompagne votre jeu ou dans un guide comme celui-ci.

Dans la troisième partie, vous trouverez des descriptions générales mais éclairantes à propos de la signification de chaque carte. Ne vous sentez pas obligé d'essayer de les mémoriser dès maintenant. Choisissez simplement quelques cartes à connaître en premier lieu, et allez ensuite là ou votre intuition vous mène !

SIGNIFICATION DES CARTES

LES SUBTILITÉS DE L'INTERPRÉTATION

Vous trouverez ici des mots-clés et de brèves descriptions pour chaque carte du jeu de tarot standard, à la fois pour les positions droites et inversées. Bien que ces significations soient exactes au sens général, il est important de comprendre que chaque jeu détient sa propre approche qui peut conduire à des variations par rapport aux interprétations générales (et uniquement liées aux titres de chaque carte) que vous trouverez ici. Par exemple, il est important de prêter attention à l'imagerie de chaque carte, car elle vous offrira des significations et des messages plus nuancés que le titre de la carte seul ne peut fournir.
La position de la carte dans le tirage est également importante pour l'interprétation de la carte. Par exemple dans un tirage à trois cartes, la signification d'une carte en position « passé » ne doit pas être lue comme si elle était toujours vraie dans le présent, même si c'est écrit ainsi dans le guide.
En outre, d'autres cartes dans le tirage peuvent modifier ou déplacer la signification générale fournie ici. Au fur et à mesure que vous gagnerez en expérience, vous distinguerez les subtilités qui vous aideront à déterminer l'angle de la carte qui s'applique dans chaque tirage.

Les informations ci-dessous constituent un point de départ pour vous familiariser avec les cartes du tarot. Dans la partie dédiée aux arcanes majeurs, vous trouverez les cartes du Rider à gauche et celles du Marseille à droite.

LES ARCANES MAJEURS

Carte du Rider-Waite (ou Waite-Smith)

Carte du Tarot de Marseille

0 LE FOU / LE MÂT

Origines, voyage, acte de foi, innocence, nouveaux départs, émerveillement, imagination.
Une nouvelle aventure est sur le point de commencer, avec de nombreuses variables inconnues sur le chemin.

Cette carte représente l'énergie primitive et imprévisible de la nature. C'est le point zéro, le moment juste avant que Le Fou ne se lance dans son voyage. Le Fou peut apparaître lorsque vous avez besoin de clarifier votre objectif avant d'aller de l'avant. Cette carte peut également vous conseiller de rester fidèle à votre moi profond dans une situation incertaine. L'incertitude fait partie de toute rupture du statu quo, mais la confiance en votre souveraineté intérieure vous aidera à naviguer en territoire inconnu. Comment le choix que vous ferez ensuite affectera-t-il votre situation ? Parfois, il est impossible de le savoir. Il est bon de commencer par abandonner l'idée que vous savez, ou même que vous devez savoir. Pour l'instant, la seule chose que vous pouvez contrôler est le fait de faire le premier pas. Soyez simplement attentif à votre environnement et « regardez avant de sauter ».

À L'ENDROIT
Innocence, esprit libre, spontanéité et commencements, enthousiasme. Peut indiquer un nouveau travail ou une nouvelle relation, un nouveau départ dans un nouvel endroit, ou des vacances.

INVERSÉE
Imprudence, prise de risque, folie générale et naïveté. Restez ouvert d'esprit, mais agissez avec prudence.

Carte du Rider-Waite (ou Waite-Smith)

Carte du Tarot de Marseille

I LE MAGICIEN / LE BATELEUR

Pouvoir de l'intention, capacités de manifestation, aptitude, capacité, pouvoir de créer le changement.
La capacité de vivre une vie magique est à votre portée.

En tant que première carte numérotée des arcanes majeurs, Le Magicien peut représenter les débuts. Mais contrairement au « point zéro » du Fou, le chiffre un indique qu'une idée ou un objectif spécifique est maintenant déterminé. Le Fou rencontre d'abord Le Magicien car, ayant fait le pas en avant qui marque le début de son voyage, il a mis les forces magiques en mouvement. Le Magicien jette un pont entre le plan éthéré et le plan physique, rendant possible la manifestation de nos objectifs.
Cette carte indique les initiations et l'action sur sa propre volonté, ainsi que l'habileté, la logique et l'intellect lors de l'action. Elle rappelle également que l'Univers reflète chacune de nos actions dans le grand schéma des choses, et que nous devons donc veiller à diriger notre énergie avec sagesse. Concentrez-vous sur les résultats souhaités, plutôt que sur ce qui a mal tourné ou pourrait mal tourner.

À l'endroit
Habileté, concentration, puissance, action et ingéniosité. Les conditions favorables au succès d'une nouvelle entreprise peuvent et doivent être mises à profit.

Inversée
Hésitation, énergie dispersée, confusion, mauvaise planification, manque de concentration. Vous pouvez être confronté à un blocage créatif. Signification secondaire : potentiel de manipulation ou de ruse.

Carte du Rider-Waite (ou Waite-Smith)

Carte du Tarot de Marseille

II LA GRANDE PRÊTRESSE / LA PAPESSE

Intuition, Féminin Sacré, mystères, capacités psychiques et développement spirituel. La nécessité de bien réfléchir avant d'agir ou de prendre une décision.

La Grande Prêtresse représente la sagesse, l'énergie féminine, l'intuition, le passé, les secrets et la spiritualité. En tant que deuxième personnage des arcanes majeurs, elle apparaît souvent lorsque des changements ont lieu sur les plans intérieurs et qu'ils seront libérés dans la réalité extérieure au moment opportun. En tant qu'êtres humains ayant un passé unique, nous apportons des souvenirs et des associations émotionnelles à chaque acte et chaque expérience. Cette carte reconnaît dans nos réponses aux circonstances extérieures les forces intérieures à l'œuvre dont nous n'avons pas forcément conscience. Après avoir défini une intention avec la phase du Magicien, il est maintenant temps de considérer attentivement quelle est la prochaine étape avant d'agir. Cette carte souligne la nécessité d'écouter et de faire confiance à son intuition tout en poursuivant le chemin choisi.

À l'endroit

Perspicacité, perception claire, révélations intuitives, connaissance intérieure. Soyez particulièrement réceptif aux messages de votre Moi supérieur. Par ailleurs, il se peut que vous gardiez des émotions ou des secrets pour vous jusqu'à ce que vous sachiez que vous pouvez les révéler en toute sécurité.

Inversée

Ignorer l'intuition, les motivations cachées, les idées confuses. Il peut y avoir des intentions cachées de la part des autres, ou même dans votre propre subconscient. Agir par impulsion plutôt que par connaissance intérieure peut conduire à des problèmes.

Carte du Rider-Waite (ou Waite-Smith)

Carte du Tarot de Marseille

III L'IMPÉRATRICE

Souveraineté, forte énergie féminine, beauté, force créative, fertilité, riche abondance, qualités nourricières, capacité à créer le changement.
Un moment favorable pour aller de l'avant vers vos rêves.

En tant que troisième personnage du Voyage du Fou, l'Impératrice incarne l'expression créative de l'inspiration et de l'intuition des deux premières cartes. Elle enseigne que nous sommes de puissants créateurs qui façonnons notre réalité par nos pensées, nos paroles et nos actes. Cette carte indique que vous êtes sur la bonne voie pour progresser, notamment dans les domaines de la croissance abondante, de l'harmonie au sein du foyer et de l'épanouissement émotionnel. L'Impératrice représente également la sensualité, la beauté et la grâce et encourage à apprécier ces qualités alors que vous prenez des mesures pour réaliser vos objectifs.
Signification secondaire : cette carte peut être liée au mariage et à la grossesse, ou à l'influence positive d'une figure maternelle.

À l'endroit

Abondance, fertilité, créativité, progrès. Votre sens de la souveraineté personnelle contribue à votre succès. Une carte favorable pour les questions liées à l'harmonie domestique et aux relations de qualité. Restez fidèle à vous-même tout en prenant soin des autres.

Inversée

Créativité bloquée, potentiel non réalisé, insécurité. Vous doutez de pouvoir réaliser ce que vous désirez. Soyez responsable avec l'argent et les autres formes d'abondance, mais ne cédez pas à la peur de ne pas en avoir assez. Peut indiquer des problèmes avec une femme plus âgée dans votre vie.

Carte du Rider-Waite (ou Waite-Smith)

Carte du Tarot de Marseille

IV L'EMPEREUR

Souveraineté, stratégie, forte énergie masculine, structure, réussite, responsabilité, sécurité, protection.
Le pouvoir disponible par la discipline et le contrôle de soi.

En tant que quatrième archétype des arcanes majeurs, L'Empereur est associé à la construction, la formation et la solidité. Si L'Impératrice nous enseigne que nous sommes les créateurs de notre réalité, l'Empereur nous montre comment créer avec intention et discipline. Cette carte indique souvent la nécessité de construire des structures de soutien durables. La structure apporte sécurité et protection, et crée un cadre pour atteindre des objectifs. Dans l'ensemble, l'énergie de cette carte est bienveillante et met en avant les forces universelles qui souhaitent vous voir réussir.
Signification secondaire : cette carte peut se rapporter à l'influence positive d'un leader masculin ou d'une figure paternelle, auprès de qui vous pouvez chercher des conseils.

À l'endroit
Pouvoir, détermination, réussite, stabilité, protection. Utilisez votre pouvoir personnel, votre logique et votre capacité d'autodiscipline pour réaliser vos objectifs. Les énergies sont favorables à une voie stable de progrès.

Inversée
Domination, inflexibilité, contrôle excessif, rigidité. Vous ou quelqu'un d'autre peut porter l'énergie de la discipline à un extrême malsain ou déséquilibré. Rappelez-vous que la flexibilité est la contrepartie nécessaire d'une structure solide. Vous pouvez avoir besoin de protéger ce que vous avez créé.

Carte du Rider-Waite (ou Waite-Smith)

Carte du Tarot de Marseille

V LE HIÉROPHANTE / LE PAPE

Tradition, Masculin Sacré, mentor ou leader avisé, activité religieuse ou spirituelle, jugement moral.
Conformité à des approches ou des croyances pratiques.

En tant que cinquième archétype des arcanes majeurs, cette carte véhicule les énergies du changement et de l'expansion, qui doivent être équilibrées avec la tradition et la conformité. Si La Grande Prêtresse indique le mystère intérieur de notre expérience, Le Hiérophante (qui signifie « Grand Prêtre » en grec) indique son expression extérieure, où nous avons la possibilité d'incarner nos croyances éthiques. Cette carte nous rappelle que notre voyage peut être aidé par la tradition dans notre quête de vérité et de compréhension. Il y a des avantages à s'aligner sur la sagesse de ceux qui nous ont précédés. Toutefois, Le Hiérophante peut également souligner la nécessité de réévaluer les traditions et les croyances communes à la lumière de nouvelles informations ou expériences. L'humanité évolue, tout comme sa sagesse collective et son sens de la moralité. Faites appel au sage qui sommeille en vous lorsque vous décidez de choisir la tradition ou de vous en écarter. Cette carte apparaît souvent lorsque vous êtes à l'aube d'une nouvelle croissance spirituelle.

À l'endroit

Sagesse pratique, conseils, progrès spirituel, éthique. Prenez conseil auprès de quelqu'un en qui vous avez confiance. Vous pouvez trouver, ou être, un mentor qui peut vous aider à résoudre un problème.

Inversée

Attitudes rigides, dictature, manipulation. Quelqu'un peut faire pression sur vous pour que vous fassiez les choses à sa façon. Vous devrez peut-être remettre en question le statu quo, du moins dans votre système de croyances personnelles.

Carte du Rider-Waite (ou Waite-Smith)

Carte du Tarot de Marseille

VI LES AMANTS / L'AMOUREUX

Choix, décisions, relations, amour, amitié, passion, partenariat, croissance, loyauté. Équilibrer ses désirs avec les besoins et les souhaits d'autrui.

Si la carte des Amants peut évoquer l'amour romantique et la sexualité, elle est plus souvent associée aux défis que représentent les choix qui impliquent ou affectent les autres, ou les choix faits par les autres qui nous affectent. Elle indique également que notre expérience de cette vie est affectée par nos relations avec les autres. Cette carte tend à apparaître lorsqu'une décision importante doit être prise, souvent liée à la question de nos valeurs individuelles et à leur adéquation avec les circonstances actuelles.
En tant que sixième archétype des arcanes majeurs, cette carte porte l'énergie de l'adaptation à de nouvelles circonstances. En tant que telle, la situation indiquée par cette carte peut impliquer des changements soudains, ou la compréhension plus progressive que l'on a dépassé une relation ou un environnement.

À l'endroit

Amour, choix, unions, relations. Alignement positif entre ses croyances et ses actions. Vous êtes capable de faire le bon choix. Une carte favorable dans une lecture d'amour ou de relation.

Inversée

Dysharmonie, peur de l'engagement, problèmes relationnels. Une incapacité à s'engager dans un choix plutôt qu'un autre. Dysharmonie liée aux relations ou valeurs mal alignées. Si une rupture est indiquée, sachez qu'elle sera finalement bénéfique, même si vous n'arrivez pas à l'envisager.

Carte du Rider-Waite (ou Waite-Smith)

Carte du Tarot de Marseille

VII LE CHARIOT

Victoire, réussite, voyage, destin, volonté, détermination, autodiscipline, contrôle. Exploitation de l'énergie pour atteindre un objectif.

L'archétype du Chariot évoque les éléments du voyage de notre vie qui impliquent la détermination, le mouvement vers l'avant, la volonté et le contrôle de soi. Septième carte des arcanes majeurs, Le Chariot représente le fait que l'on peut se rapprocher de la perfection par l'exploration spirituelle et la modération de l'ego. Le voyage au sens littéral du terme peut être indiqué, mais en général, cette carte a plus à voir avec le fait de s'engager sur la voie de la maîtrise de soi. Nous ne nous lançons plus aveuglément dans de nouvelles aventures, mais nous nous engageons dans une voie plus déterminée. Toutefois, Le Chariot fournit également un avertissement, en particulier s'il apparaît en période d'événements rapides et d'énergie intense. Dans l'histoire grecque de Phaéton (le fils d'Apollon) et du Chariot, la nature impétueuse et trop confiante du jeune Phaéton lui fait perdre le contrôle du chariot qui tire le Soleil à travers le ciel, ce qui se termine par un désastre mondial. Cette carte nous conseille de respecter le pouvoir de notre propre volonté et de l'utiliser à bon escient.

À L'ENDROIT

Détermination, affirmation, goût de l'aventure. C'est souvent une carte favorable aux voyages ou aux projets à long terme. Elle peut également indiquer une reconnaissance publique pour une réalisation spécifique ou un succès général.

INVERSÉE

Progression interrompue, manque de contrôle, impatience. Se diriger dans la mauvaise direction, les pièges de l'agression, de l'ego et de l'arrogance. Signification secondaire : peut indiquer des retards ou des difficultés à voyager.

Carte du Rider-Waite (ou Waite-Smith)

Carte du Tarot de Marseille

VIII LA FORCE / LA JUSTICE

Force morale, persévérance, force intérieure, grâce sous le feu, pardon. Le calme et la tranquillité dans les situations difficiles.

La carte de La Force apparaît souvent lorsque nous sommes confrontés à des défis qui semblent insurmontables, nous rassurant sur le fait que nous avons ce qu'il faut pour persévérer. La Force peut souvent être confondue avec la capacité d'exercer une force brute, mais en tant que vertu, La Force exploite les pouvoirs de la patience et de l'amour et dompte en fait les énergies de la colère et de la férocité. Vous êtes encouragé à exercer un contrôle sur votre vie par l'amour et la confiance plutôt que par la force. Cette carte reconnaît également que nous luttons, en tant qu'êtres imparfaits, avec des désirs et des instincts qui ne sont pas toujours les meilleurs à poursuivre. Ici, la volonté et la détermination sont nécessaires pour suivre la voie de notre plus grand bien. De puissantes forces spirituelles peuvent être à l'œuvre dans votre vie en ce moment.

À l'endroit

Compassion, endurance, patience, courage, confiance en soi. Vous avez en vous tout ce dont vous avez besoin pour surmonter n'importe quelle tempête. Signification secondaire : peut également indiquer une bonne santé.

Inversée

Doute de soi, manque d'autodiscipline, faiblesse. Résistez à l'envie d'agir sous le coup de la colère, de la frustration ou de la peur. Éviter les conflits ou les confrontations ne fera qu'aggraver un problème à long terme. Il est peut-être temps d'affronter un comportement malsain ou une dépendance.

Carte du Rider-Waite (ou Waite-Smith)

Carte du Tarot de Marseille

IX L'HERMITE

Retraite, quête spirituelle, besoin de faire une pause dans les activités sociales. Suivre son propre chemin grâce à la guidance intérieure.

En tant que neuvième archétype des arcanes majeurs, L'Hermite porte les énergies des trois mystiques et indique une intégration réussie de la sagesse spirituelle. C'est une figure sage non seulement parce qu'il a étudié et contemplé les mystères de la vie, mais aussi parce qu'il ne cesse de chercher.

Associée à la connaissance intérieure et à la découverte de soi, cette carte nous rappelle que, dans notre quête de croissance intellectuelle et spirituelle, nous devons passer un certain temps en isolement. Vous pouvez avoir besoin de vous retirer dans vos pensées intérieures pour trouver comment vous adapter à de nouvelles circonstances, ou prendre du temps et de l'espace pour traiter les développements récents (qu'ils soient positifs ou non).

L'Hermite peut également indiquer un sage mentor, que ce soit vous ou quelqu'un d'autre dans votre vie.

À L'ENDROIT

Solitude, sagesse intérieure, contemplation, intériorité. Un état de solitude et de recherche, que ce soit dans le cadre d'études universitaires ou de poursuites spirituelles. Signification secondaire : le besoin de récupération après une maladie ou un événement pénible.

INVERSÉE

Solitude, retrait excessif, isolement, confusion. Les accès désagréables d'isolement et de solitude devraient être tempérés par des moments sociaux positifs avec des personnes qui vous soutiennent. Il se peut que vous ignoriez ou résistiez à un conseil solide provenant d'une source sage.

Carte du Rider-Waite (ou Waite-Smith)

Carte du Tarot de Marseille

X LA ROUE DE LA FORTUNE

Cycles, retournement de situation, changement de saison, mouvement positif vers l'avant, nécessité de rester centré.

La Roue de la Fortune représente la seule constante sur laquelle nous pouvons compter dans les changements de vie. En tant que dixième et dernière carte de la décade des arcanes majeurs, elle met en évidence l'énergie cyclique de l'Univers. Lorsque les événements et les circonstances arrivent à leur terme, le décor est planté pour de nouveaux développements.

Cette carte apparaît souvent dans une lecture concernant des développements inattendus ou imprévus qui changent vos plans ou modifient votre parcours, pour le meilleur ou pour le pire. Que vous soyez dans des circonstances avantageuses ou au milieu d'une lutte, sachez que la roue tourne toujours : l'endroit le plus stable est en fait au centre, plutôt qu'en haut ou en bas. En ce sens, cette carte peut vous conseiller de ne pas vous attacher à des résultats particuliers en ce moment. Quelle que soit la qualité de notre planification ou de notre préparation, personne n'a jamais le contrôle total des événements. Mais cette carte rappelle que tout, le bon comme le mauvais, est temporaire.

A l'endroit

Changement positif, fin des retards, coup de chance. Une tournure positive des événements, qu'ils se produisent actuellement ou à l'horizon. Peut se manifester par une nouvelle opportunité de carrière ou une manne financière.

Inversée

Instabilité, perturbation inattendue, succès à court terme. Une baisse temporaire de la chance due à des forces extérieures indépendantes de votre volonté. Soyez prêt à faire face aux imprévus. Un succès qui ne peut pas durer ou qui est construit sur un sol instable.

Carte du Rider-Waite (ou Waite-Smith)

Carte du Tarot de Marseille

XI LA JUSTICE / LA FORCE

Action juste, vérité, loi, décisions équitables, objectivité, discernement, honorer sa conscience.

Huitième ou onzième carte des arcanes majeurs selon le système utilisé, La Justice apporte l'énergie de la stabilité et de l'ordre cosmique. Elle représente la vérité, le jugement juste, la résolution et les relations avec la loi. Faire ce que l'on sait être juste peut être un défi lorsque les autres s'y opposent. Cette carte peut apparaître lorsque vous devez vous défendre (à condition d'être dans votre bon droit) et défendre vos convictions.

La Justice nous enseigne également la cause et l'effet, et le rôle équilibrant du karma en tant que principe universel. Elle nous rappelle que les actions ont des conséquences. Nous sommes affectés par les décisions des autres autant que par les nôtres. Il vous est conseillé de prêter attention aux détails afin d'arriver à une conclusion équilibrée et juste.

Parfois, cette carte peut apparaître lorsque vous êtes trop sévère envers vous-même ou envers les autres. Rappelez-vous que la justice n'est pas une question de honte ou de colère ; seulement d'équilibre.

À l'endroit

Vertu, équilibre, évaluation équitable, jugement juste. Il est important de rester objectif et de ne pas laisser parler votre ego lorsque vous évaluez la situation. Favorable en ce qui concerne les décisions légales ou autres qui ne sont pas sous votre contrôle.

Inversée

Malhonnêteté, injustice, manque de responsabilité, dilemme moral. Une personne dans la situation se comporte de manière déshonorante. La situation actuelle devra peut-être évoluer davantage avant qu'une compréhension claire des circonstances puisse émerger.

Carte du Rider-Waite (ou Waite-Smith)

Carte du Tarot de Marseille

XII LE PENDU

Temps d'attente, besoin de repos, choses au point mort.
Besoin d'une nouvelle perspective et possibilité de paix intérieure.

Le Pendu est considéré comme l'un des archétypes du tarot les plus importants dans le voyage de l'âme. Cette carte n'évoque pas la persécution ou la punition, mais rappelle plutôt que les grandes découvertes suivent souvent des périodes de grandes difficultés, et que les « temps morts » ont de la valeur. Elle enseigne la patience et la valeur du bon timing.

Cette carte peut apparaître lorsque vous vous sentez dépassé par les circonstances et que vous ne voyez pas comment avancer. Ou bien, la voie à suivre peut être temporairement bloquée. Cette carte conseille de ne pas lutter contre les obstacles actuels pour le moment. Travaillez sur la croyance que les choses s'arrangent en coulisse et détendez-vous pour l'instant.

Le Pendu représente l'opportunité d'acquérir une nouvelle perspective, mais seulement après avoir passé un certain temps dans le calme, et peut-être en laissant tomber les anciens plans ou rêves. Concentrez-vous sur le présent pour le moment, plutôt que de ressasser le passé ou de vous inquiéter de ce qui va se passer.

À l'endroit

Attente, pause temporaire, lâcher prise, méditation. Le besoin d'un temps d'arrêt. Adoptez le calme. Identifiez ce dont vous avez besoin pour la prochaine étape de votre voyage avant d'aller de l'avant.

Inversée

Peur du changement, temps d'agir, opportunités manquées. Laissez partir les vieilles idées afin d'être ouvert à une nouvelle compréhension. Ne vous sous-estimez pas pour rester dans votre zone de confort.

Carte du Rider-Waite (ou Waite-Smith)

Carte du Tarot de Marseille

XIII LA MORT / L'ARCANE SANS NOM

Fin, nouveau départ, renouveau, changement, transformation, tournant, éclaircissement.

La carte de La Mort ou L'Arcane sans nom ne fait presque jamais référence à la mort physique au sens littéral. Au contraire, cette carte peut apparaître dans une lecture lorsqu'une situation se termine naturellement, qu'il s'agisse d'une relation, d'un travail ou même d'une époque de la vie. Il vous est conseillé de laisser partir ce qui ne vous sert plus, de la même manière qu'un arbre perd ses feuilles pour faire place à une nouvelle croissance lorsque les saisons alternent. Un autre symbole approprié pour cette carte est le phénix mythique, qui renaît cycliquement des cendres de sa propre disparition. Cette carte suit Le Pendu, l'âme apprenant à se défaire de l'ancien pour se préparer au nouveau.

Cette carte peut également signifier la résolution d'anciens conflits ou problèmes. Vous êtes peut-être en train de subir un nettoyage transformateur de croyances dépassées ou de rêves périmés. De nouvelles bénédictions vont bientôt arriver pour remplir l'espace que vous êtes en train de vider.

À l'endroit

Fin, changement, transition, nouveau départ, transformation. Un grand coup de balai. Nettoyage de l'ancien. Vous verrez bientôt que ce changement est pour le mieux.

Inversée

Stagnation, énergie bloquée, défaite. Impossibilité d'aller de l'avant en raison d'une résistance farouche au changement. Prenez des mesures pour libérer ce qui a pris fin afin que de nouvelles opportunités puissent prendre racine.

Carte du Rider-Waite (ou Waite-Smith)

Carte du Tarot de Marseille

XIV TEMPÉRANCE

Équilibre, modération, compromis, fusion, travail d'équipe, connectivité.

La carte Tempérance représente les besoins qui surgissent lorsque nous nous efforçons d'intégrer de nouvelles idées, informations, circonstances et/ou une croissance spirituelle dans notre vie quotidienne. Ayant fait l'expérience d'extrêmes de toutes sortes au cours de notre voyage, en particulier dans le domaine des émotions et des attitudes, nous finissons par apprécier l'équilibre. Tempérance mélange le monde intérieur de la psyché avec le monde extérieur de la matérialité, et cette carte apparaît souvent dans un contexte de recherche de la réalisation d'un idéal.

Tempérance rappelle que les synchronicités divines sont disponibles pour tous, pour autant que nous soyons suffisamment calmes et équilibrés pour les reconnaître. Elle nous aide également à apprécier l'interconnexion entre toutes les choses.

La coopération, tant avec les forces universelles qu'avec d'autres personnes, peut conduire à de grands progrès dans une relation, une entreprise ou un projet. Si vous vous sentez tiré dans plusieurs directions opposées, faites une pause et demandez conseil. La tempérance est la clé pour maintenir les influences positives en mouvement.

À l'endroit

Communication, bon timing, équilibre, équanimité. Soyez patient avec vous-même et avec les autres. Utilisez vos talents de diplomate pour aider à résoudre un conflit.

Inversée

Déséquilibre, manque de vision à long terme, impatience, tendance à l'excès. Faites ce que vous pouvez pour équilibrer sainement vos réponses aux problèmes extérieurs. Si des problèmes d'argent sont en jeu, traitez-les de manière responsable avant qu'ils ne s'aggravent.

Carte du Rider-Waite (ou Waite-Smith)

Carte du Tarot de Marseille

XV LE DIABLE

Choix et conséquences, la peur ou l'inquiétude, le matérialisme, le sentiment d'être pris au piège, libération ou restriction.

Le Diable du tarot ne représente pas la figure maléfique issue de la vision chrétienne du monde. Cette carte évoque plutôt la sauvagerie intérieure que nous possédons tous et qui nécessite généralement une certaine gestion, grâce aux compétences associées à des cartes comme Tempérance, L'Hermite et La Justice.

Notre nature primitive n'est pas quelque chose à supprimer, mais plutôt à exploiter judicieusement lorsque nous naviguons dans la société. Nous disposons du libre arbitre pour bien choisir.

Cette carte peut indiquer que vous avez laissé votre ego vous déconnecter de l'Univers, peut-être en vous concentrant sur la peur et la négativité. Parfois, une trop grande concentration sur le monde matériel peut nous faire perdre toute perspective. Le Diable peut également indiquer des comportements de dépendance qui vous retiennent, et dont vous n'êtes pas forcément conscient.

D'autre part, cette carte peut indiquer que vous négligez trop votre côté sauvage intérieur. Si vous contrôlez trop votre comportement, vous risquez de vous priver de vos pouvoirs créatifs, alors faites-vous confiance et lâchez-vous un peu.

À l'endroit

Acceptation, impulsivité, choix, libération par rapport à la restriction. Examinez soigneusement vos motivations par rapport aux circonstances actuelles. Gardez à l'esprit la situation dans son ensemble.

Inversée

Emprisonnement, égoïsme, obsession, inhibitions. Vous vous restreignez peut-être inutilement. Peur du manque ou peur d'être jugé. Peut également indiquer une lutte contre une dépendance problématique.

Carte du Rider-Waite (ou Waite-Smith)

Carte du Tarot de Marseille

102

XVI LA TOUR / LA MAISON–DIEU

Changements soudains, révélations, chaos, destruction, transformation. Un événement majeur de la vie.

La carte de La Tour signale la transformation, l'effondrement de l'illusion et les changements soudains. Elle apparaît souvent dans des situations qui affectent un groupe ou une communauté, mais peut aussi indiquer un événement personnel pour vous ou un proche. Des vérités jusqu'alors inconnues peuvent être révélées, ce qui peut être désagréable mais nécessaire pour résoudre une situation.
Cette énergie est abrupte et peut être déstabilisante, voire effrayante.
Elle peut marquer la perte d'un poste ou un autre changement ayant d'énormes implications. Cet événement peut être le résultat d'une «correction de trajectoire» de l'Univers lorsque vous avez besoin d'une secousse pour vous remettre sur la voie de vos idéaux les plus élevés. Si vous sentez que c'est le cas, prenez-le comme une impulsion positive et aimante dans la bonne direction.
La Tour n'indique pas toujours un événement littéral. Le sens spirituel de cette carte réside dans l'éclatement d'anciennes constructions lorsque la lumière de la vérité et de la conscience supérieure prévaut.

À l'endroit
Chaos temporaire, révélations, transformation, changement inattendu. Des turbulences qui mènent à des résultats bénéfiques. La situation vous apportera une nouvelle sagesse, que vous pourrez utiliser à l'avenir.

Inversée
Énergie stagnante, ignorance de la réalité, pression insoutenable. La résistance, la peur du changement, la malhonnêteté ou l'aveuglement volontaire.

Carte du Rider-Waite (ou Waite-Smith)

Carte du Tarot de Marseille

XVII L'ÉTOILE

Harmonie, optimisme, espoir, pouvoir créatif, alignement, chance. Aller dans la bonne direction.

L'Étoile apparaît dans le voyage du Fou comme le calme après la tempête qui a été déclenchée par les événements de la carte de La Tour. C'est aussi une récompense pour les changements de perspective et la libération des vieux schémas que plusieurs cartes précédentes ont conseillé. Après le chaos, la désillusion et le lâcher-prise, une nouvelle clarté apparaît.

Même si la signification de cette carte dans une lecture peut se rapporter à des événements passés, l'accent est mis sur l'avenir, et la foi dans le voyage alors que nous nous éveillons aux grands modèles de signification dans l'Univers.

L'énergie de la carte de L'Étoile peut indiquer des percées soudaines ou des opportunités qui semblent sortir de nulle part. Vous disposez du «pouvoir des étoiles» en ce moment et vous pouvez tout réaliser. Mais les planètes ne resteront pas alignées éternellement, alors ne tergiversez pas. Cette carte vous conseille de passer à l'étape suivante le plus rapidement possible.

À l'endroit

Inspiration, bonnes perspectives, changement positif, nouvelles idées, récompenses. Alignement avec la Source de la création. Vous êtes sur la bonne voie et capable d'utiliser votre créativité pour manifester vos désirs.

Inversée

Découragement, désespoir, manque de foi, créativité bloquée. Un projet ou une relation peut s'essouffler. Reprenez contact avec votre guidance intérieure, et demandez de l'aide à ceux en qui vous avez confiance.

Carte du Rider-Waite (ou Waite-Smith)

Carte du Tarot de Marseille

XVIII LA LUNE

Intuition, secrets, capacités psychiques, informations cachées, rêves. La recherche de réponses dans les royaumes invisibles.

La Lune est l'une des cartes les plus mystérieuses des arcanes majeurs, car elle traite de la perception psychique et de l'illusion. La Lune est liée à l'inconscient collectif, ainsi qu'à nos rêves et à notre intuition. La Lune physique reflète la lumière émise par le Soleil, mais cette lumière ne peut éclairer que partiellement notre chemin, laissant une grande partie de la Terre dans l'ombre.

Cette carte peut se présenter pour nous rappeler que, tout comme les gens peuvent être physiquement et émotionnellement affectés par les énergies de la pleine lune, nous sommes soumis à des forces invisibles que nous ne pouvons que partiellement ressentir. Il se peut que vous naviguiez dans une situation comportant de nombreux éléments invisibles, y compris des secrets ou des motifs cachés.

Prêtez attention à vos rêves, ainsi qu'à tous les signes et signaux dans le monde extérieur qui résonnent en vous, et soyez patient pendant que vous cherchez la clarté. Il n'est peut-être pas encore temps d'agir, mais examinez attentivement vos options, et honorez votre intuition en attendant de nouvelles informations. En outre, cette carte peut indiquer des voyages, qu'ils soient littéraux ou intérieurs.

À l'endroit

Rêves, visions, mystère, confiance en l'intuition. Regardez au-delà des apparences. Les épiphanies par l'intuition ou la communication divine.

Inversée

Malhonnêteté, tromperie, suspicion, illusion. Se méfier de sa propre intuition. Il peut y avoir trop de débris psychiques dans l'air pour voir clairement quoi que ce soit en ce moment.

Carte du Rider-Waite (ou Waite-Smith)

Carte du Tarot de Marseille

XIX LE SOLEIL

Bonheur, joie, succès, résultats positifs, confiance en soi, nouvelles idées, sécurité, gratitude, bien-être. Circonstances très favorables. Tout se met en place.

Le Soleil est la carte de l'illumination, de l'accomplissement, de la victoire et de la joie. Il représente l'aube d'un nouveau jour après une nuit longue et sombre. Le Soleil est la source de la vie, de la croissance et de l'optimisme. Avec cette énergie, nous avons le temps de nous réjouir des succès de notre voyage jusqu'à présent et de profiter des bons moments avec la famille et la communauté. Cette carte ne parle pas tant d'un mouvement rapide vers l'avant que d'un moment pour apprécier où nous sommes. Il est important d'apprécier les moments de repos et le sentiment de sécurité.
Le Soleil est également associé à l'aube que représente la naissance de la lumière intérieure de chaque âme au cours de sa quête spirituelle. Cette carte peut indiquer de nouvelles idées qui mènent à des solutions ingénieuses. On dit que cette carte n'a pas d'indications vraiment sévères ; tout est bien, ou le sera bientôt, lorsque le Soleil apparaîtra. Si vous ne le ressentez pas maintenant, rappelez-vous que le Soleil revient toujours de derrière les nuages, alors soyez patient et tenez bon.

À L'ENDROIT
Positivité, succès, plaisir, chaleur, harmonie, contentement. Une période de joie et de sécurité.

INVERSÉE
Recul, retard, insécurité, déprime passagère. Ne vous concentrez pas sur ce qui ne fonctionne pas en ce moment. Ayez confiance, les expériences de joie, de succès et de repos reviendront.

Carte du Rider-Waite (ou Waite-Smith)

Carte du Tarot de Marseille

XX LE JUGEMENT

Évaluation, auto-évaluation, révision des choix passés, récolte, renouvellement. Le jugement est associé à la vérité, au renouveau, au pardon, à la liberté et à une conscience plus élevée.

Dans le contexte du Voyage du Fou, la carte du Jugement apparaît lorsqu'il est temps de revoir les expériences passées, d'examiner ce que nous avons appris et de prendre des décisions sur la meilleure façon d'aller de l'avant.
L'évaluation de nos croyances antérieures à la lumière de ce que nous avons vécu récemment peut nous apporter de nouvelles perspectives et nous aider à mieux comprendre notre passé. Cette carte peut également indiquer un conflit entre les expériences et les croyances personnelles d'une personne et les attitudes dominantes de sa communauté ou de la société en général.
Le Jugement concerne également le fait de récolter les récompenses des efforts passés, ainsi que les conséquences des actions passées. Il se peut que l'on vous demande de vous pardonner à vous-même ou à d'autres personnes pour des actes répréhensibles, afin de faire de la place pour une nouvelle croissance spirituelle ou émotionnelle. S'il y a des réparations à faire, c'est le moment. L'absolution et le renouveau ne peuvent se produire qu'après avoir lâché prise.

À l'endroit

Renaissance, récompenses, pardon, compte rendu. Récompenses pour les efforts passés qui contribueront à votre réussite future. Faire des changements judicieux.

Inversée

Regret, rancune, conséquences indésirables de choix passés. Vous refusez peut-être d'examiner le rôle que vous avez joué dans votre situation. Il se peut aussi que les autres vous jugent injustement et que vous ne sachiez pas comment vous défendre.

Carte du Rider-Waite (ou Waite-Smith)

Carte du Tarot de Marseille

XXI LE MONDE

Achèvement, fin du voyage, succès, célébration, réussite, triomphe, récompense, plénitude.

La carte du Monde apparaît à la conclusion triomphante du Voyage du Fou. Après de nombreuses aventures, épreuves, faux pas et révélations, l'âme a atteint la destination recherchée. Il s'agit d'une carte de réussite avec une énergie de paix, de satisfaction, de succès et de fusion avec son Moi supérieur. Bien sûr, le voyage spirituel est toujours cyclique, et il y aura bientôt un nouveau point de départ pour l'âme. Mais pour l'instant, il est temps de profiter d'un moment d'achèvement.

Que votre question concerne les relations, la carrière, la santé ou une quête spirituelle, cette carte représente la pleine réalisation de l'objectif. Célébrez votre capacité à manifester les résultats souhaités dans votre réalité.

Signification secondaire : vous pouvez être sur le point d'embarquer pour un voyage physique, que ce soit pour le travail ou les loisirs.

À l'endroit

Joie, accomplissement, objectifs atteints. Un motif de célébration. Des gains matériels possibles. Un rêve a été réalisé ou un dilemme difficile a été résolu. La voie est maintenant ouverte pour de nouveaux départs.

Inversée

Manque de fermeture, résultats incomplets, situation non résolue. Il reste du travail à faire. Il se peut aussi que vous essayiez de forcer les choses pour obtenir des résultats avant que les circonstances ne soient favorables.

IV
L'EMPEREUR

LES ARCANES MINEURS

L'EMPEREUR

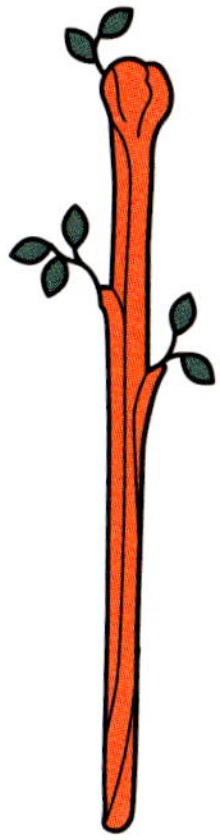

LA SUITE DE BÂTON

Les Bâtons représentent l'« étincelle » de l'inspiration qui se transforme en action et en manifestation. Les Bâtons symbolisent le désir de grandir, de s'étendre, de créer et de prendre des risques afin de faire bouger les choses.
Si de nombreux Bâtons apparaissent dans une lecture, cela indique que les choses ne font que commencer, ou qu'elles sont encore dans le domaine des idées, pas encore manifestées. Les Bâtons indiquent également ce que nous désirons et ce que nous craignons, puisque ces deux sentiments sont généralement à l'origine de nos motivations.

Mots clés souvent utilisés en association avec les Bâtons : nouvelles idées, ambition, nouvelles entreprises, inspiration, enthousiasme, croissance, expansion.

▾ AS DE BÂTON

À l'endroit : inspiration, potentiel, nouveaux départs, succès créatif.
Une inspiration puissante. Une idée qui vous tient à cœur. Succès dans toutes sortes de nouveaux plans et projets. L'énergie se déplace vers le haut et vers l'extérieur avec force et enthousiasme, souvent en relation avec la carrière ou une poursuite créative. C'est le bon moment pour faire un pas en avant.
Inversée : manque de mouvement, manque d'inspiration, retards.
Sentiment de manque d'inspiration ou perte d'enthousiasme pour un projet.
Frustration due à des projets ou des activités retardés, peut-être en raison d'une planification insuffisante. Incapacité à aller de l'avant. Le moment pour agir sur des idées ou démarrer de nouveaux projets est momentanément défavorable, mais avec de la patience, le succès est encore à portée de main.

▾ DEUX DE BÂTON

À l'endroit : progrès, planification de l'avenir, découverte, décisions, partenaire fiable.
Faire des plans d'avenir à partir d'un point de vue stable et optimiste. Aide et progrès dans les efforts de carrière. Un partenariat égalitaire. Les nouvelles découvertes seront encourageantes. Les efforts déjà entrepris seront valables.
Inversée : manque de planification, peur de l'inconnu, inégalité.
Manque de planification efficace ou peur d'aller de l'avant. Difficulté à prendre une décision. Un partenariat inégal en termes d'influence, de contribution ou de ressources financières. Un déséquilibre de la charge de travail (réelle ou perçue), ou une insatisfaction quant aux progrès réalisés jusqu'à présent.

▾ TROIS DE BÂTON

À l'endroit : expansion, prévoyance, coopération, créativité, succès.
L'initiative est payante. De bons résultats pour une entreprise. Vos efforts portent leurs fruits, en particulier lorsqu'ils impliquent des approches créatives pour résoudre des problèmes. L'optimisme est justifié. Dans le développement de projets, les événements s'accélèrent. La coopération et l'aide des autres font partie de l'équation. Une bonne période pour établir ou ajuster des plans à long terme.
Inversée : retards, manque de prévoyance, obstacles, idées fausses.

Manque de planification ou planification défectueuse. Manque de coopération de la part des autres ou avec eux. Progrès stoppé à cause de l'entêtement ou d'idées dépassées. Malentendus entre les personnes (généralement des groupes d'au moins trois personnes). Restez aussi neutre que possible et évitez les confrontations directes pendant cette période.

▾ QUATRE DE BÂTON

À l'endroit : harmonie, stabilité, réalisation, satisfaction, travail d'équipe.

Satisfaction et harmonie. Abondance constante. Vous appréciez les récompenses à vos efforts jusqu'à présent, que ce soit dans votre travail ou dans vos activités créatives. Collaboration productive. Un sentiment de célébration et de savoir que tout va bien. Indique parfois une romance ou un mariage.

Inversée : retards, désorganisation, insatisfaction.

Insatisfaction quant aux résultats de vos efforts. Sentiment que le succès est toujours hors de portée. Un projet inachevé est au point mort, peut-être parce que quelqu'un ne fait pas sa part. Restez concentré sur les actions que vous pouvez entreprendre et détournez votre attention de ce qui ne fonctionne pas. Ce à quoi vous résistez persiste.

▾ CINQ DE BÂTON

À l'endroit : compétition, désaccord dans une équipe, diligence, lutte pour la coordination.

La coopération est un défi nécessaire en ce moment. Se sentir en désaccord avec les autres, en particulier dans une situation de travail ou de collaboration. Désirs ou opinions contradictoires. Besoin de se regrouper ou de se mettre sur la même longueur d'onde que les autres. Déséquilibre entre l'ambition et l'attente du bon moment. Faites attention aux détails et n'abandonnez pas. L'inconfort causé par le chaos mène à la croissance.

Inversée : tension, dispute, conflit, entêtement.

Une forme plus intense de la position debout. Faire face à une forte opposition ou à de l'entêtement dans une situation de groupe. Une dispute complexe. Être victime de jugements injustes ou des résultats d'un bouleversement des circonstances normales. Le besoin d'accepter qu'une autre personne ne change pas d'avis, quoi qu'il arrive. Restez loin du ressentiment autant que possible ; il n'aide pas à faire avancer les choses.

▾ SIX DE BÂTON

À l'endroit : victoire, succès, reconnaissance publique, confiance en soi, progrès, récompense.

Victoire bien méritée après de nombreux efforts et le franchissement d'obstacles. Bonnes nouvelles, succès et achèvement des tâches à accomplir. Aller de l'avant après avoir été temporairement bloqué. Possibilité de recevoir des prix ou d'autres reconnaissances publiques pour vos réalisations. Une bonne période pour résoudre des questions juridiques, des contrats retardés ou un problème de travail. Vous réussissez et votre récompense est bien méritée.

Inversée : déception, égoïsme, manque de confiance.

Manque de succès, peut-être dû à une surestimation des capacités. Sentiment d'être sous-estimé ou de mériter une reconnaissance qui n'est pas venue. Insécurité. Retards généraux dans les plans. Obstacles complexes et bien ancrés. Le besoin d'identifier les points d'aveuglement et de se regrouper avant de faire de nouvelles tentatives.

▾ SEPT DE BÂTON

À l'endroit : compétition, confiance en soi, force, avantage défensif.

Une personne ou une situation suscite une énergie dynamique. Un avantage sur les adversaires. Être mis au défi ou opposé par d'autres, mais avoir l'expérience et les capacités nécessaires pour en sortir victorieux. Se défendre et défendre ses convictions. Choisir ses batailles avec sagesse. Capacité à vaincre les obstacles. Réussir malgré les critiques ou l'opposition.

Inversée : impasse, accablement, doute de soi, résistance, capitulation.

Une impasse dans une situation impliquant des communications ou des négociations avec d'autres personnes. Ne pas être entendu ou être rejeté dans une dispute de groupe. Douter de sa capacité à persévérer. S'enliser dans une dispute qui ne peut être résolue. La nécessité de discerner si la persévérance est justifiée ou s'il est préférable de se retirer.

▾ HUIT DE BÂTON

À l'endroit : changement, voyages, mouvement rapide, opportunité, être multitâche.

Une période où de nombreux développements se déroulent en même temps. Un mouvement vers l'avant après une période d'attente. Progression soudaine vers la réalisation

d'un objectif. Être sur plusieurs fronts à la fois. La nécessité d'être multitâche. L'arrivée d'une nouvelle importante. Un voyage peut être envisagé.
Inversée : débordement, déstabilisation, retards, lenteur, discernement.
Un sentiment d'accablement dû à trop de choses qui se produisent en même temps. Être pris au dépourvu par des changements soudains ou des événements qui se déroulent rapidement. Des retards inattendus. Incertitude quant aux opportunités potentielles. Évitez de prendre des décisions hâtives dans le seul but de résoudre les problèmes rapidement ; il est plus prudent d'attendre.

▾ NEUF DE BÂTON

À l'endroit : assistance, perseverance, courage, vigilance, ingéniosité.
Les plans sont sur le point de se réaliser. Un coup de pouce imminent pour atteindre l'achèvement. Le besoin de réaliser que ce soutien est disponible. Ressentir le besoin de protéger ses projets, ses progrès ou ses créations. Anticiper les difficultés et s'y préparer. Être vigilant et déterminé. Orienter son énergie vers des considérations pratiques plutôt que vers des craintes liées à l'inconnu.
Inversée : défensive, suspicion, menaces, manque de tenacité.
Vous êtes trop sur la défensive ou vous vous méfiez trop des autres, peut-être même jusqu'à la paranoïa. Des expériences négatives passées peuvent influencer votre perception du présent. Perte de perspective due à un traumatisme quelconque. Immobilisation due à une méfiance injustifiée. Menaces possibles sur la stabilité d'une carrière ou d'une situation professionnelle. Manque d'énergie ou de motivation pour poursuivre des projets, malgré les progrès réalisés jusqu'à présent.

▾ DIX DE BÂTON

À l'endroit : un fardeau, trop de travail, déséquilibre, détermination, réussite.
Tendance l'addiction au travail. Déséquilibre entre le travail et les loisirs. Rendre les choses plus difficiles qu'elles ne doivent l'être. Faire de la microgestion et effectuer le travail des autres à leur place inutilement. Besoin de déléguer et/ou de demander de l'aide. Forte détermination et désir de réussir selon ses propres conditions. Sûr de soi et de ses capacités, mais parfois à tort. Au début d'une lecture, cette carte signale que des réponses claires ne sont peut-être pas disponibles pour le moment.

Inversée : accablement, épuisement, blâme, déception de soi.
Impossibilité d'avancer en raison d'un épuisement total. Accepter plus que ce que l'on ne peut gérer et rejeter la responsabilité de ses décisions sur les autres. Se complaire dans une posture de martyr. Assumez la responsabilité de votre rôle dans cette situation et identifiez ce que vous pouvez faire différemment à partir de maintenant. Les nouveaux niveaux de réussite nécessitent toujours des ajustements stratégiques.

▾ VALET DE BÂTON

À l'endroit : optimisme, enthousiasme, découverte, ambition, prudence.
Avoir beaucoup d'enthousiasme et d'énergie pour la tâche à accomplir. Bonnes nouvelles concernant une nouvelle opportunité ou une entreprise en cours. Une personne extravertie ou optimiste. Une personne qui fait preuve d'ingéniosité, de créativité et d'un esprit d'entreprise. Nécessité de se méfier d'un enthousiasme débridé sans suivi. Faites le point sur vous-même et étudiez soigneusement les opportunités avant de vous engager.
Inversée : pessimisme, mesquinerie, échecs, manipulation, manque de direction, commérages.
Incapacité à trouver la motivation pour atteindre un objectif valable. Le scepticisme sain à l'égard des opportunités se transforme en pessimisme jusqu'à l'immobilisme. Une personne qui fait preuve d'un esprit superficiel et/ou qui aime remuer les choses. Être volage. Des ragots ou des propos malveillants peuvent circuler. Résistez à toute tentation d'y participer.

▾ CAVALIER DE BÂTON

À l'endroit : enthousiasme, passion, énergie, agitation, aventure.
Mouvement vers l'avant. Une nouvelle carrière possible. Chercher de nouvelles opportunités avec énergie et enthousiasme. Porter ses projets, ses compétences ou ses expériences à un niveau supérieur. Action immédiate, souvent rendue nécessaire par un changement soudain. Une personne charmante, aventureuse, tournée vers l'avenir et même audacieuse. Possible tendance à l'agitation ou à l'action prématurée.

Inversée : énergie dispersée, impulsivité, frustration, retards, manque de sincérité. Énergie pour aller de l'avant, mais pas encore de résultats concrets, notamment en ce qui concerne la recherche d'emploi. Anxiété à l'idée de commencer quelque chose, peut-être avant que tout soit prêt à partir. Veillez à faire attention aux détails en ce moment. Quelqu'un qui s'impose trop, que ce soit sur le plan sentimental, professionnel ou familial.

▼ REINE DE BÂTON

À l'endroit : accomplissement, vibration, maîtrise de soi, inspiration, optimisme.
Accomplissement d'un objectif de longue date ou à long terme. Énergie créative hautement chargée. Présence vibrante et inspirante. Une personne qui est pratique, talentueuse et confiante. Une personne qui fait preuve de bonté, de loyauté, de fiabilité, de chaleur et d'optimisme. Quelqu'un qui peut offrir de bons conseils.
Inversée : négligence, manque de fiabilité, désintérêt, critique.
Un projet ou un objectif déraille à cause d'un manque de soutien. Un manque de sens pratique. Désintérêt pour les tâches en cours. Une personne qui critique par méchanceté plutôt que par désir d'aider. La jalousie face au succès des autres.

▼ ROI DE BÂTON

À l'endroit : satisfaction, sagesse, vision, entreprise, honneur, compassion.
Énergie de satisfaction face au progrès et aux réalisations. Quelqu'un qui peut donner des conseils en s'appuyant sur son expérience. Une personne de confiance, sage et honnête. Un leader naturel qui peut inspirer, motiver les autres et adopter une approche innovante. Éventuellement une figure paternelle.
Inversée : négativité, contrôle, irréflexion.
Une énergie d'intolérance et d'étroitesse d'esprit. Des pensées et des attitudes négatives. Il peut y avoir des négociations ou des délibérations difficiles à ce moment-là. Quelqu'un qui se comporte de manière dominatrice ou contrôlante. Mépriser les efforts des autres. Une tendance à étouffer la créativité.

IV
L'EMPEREUR

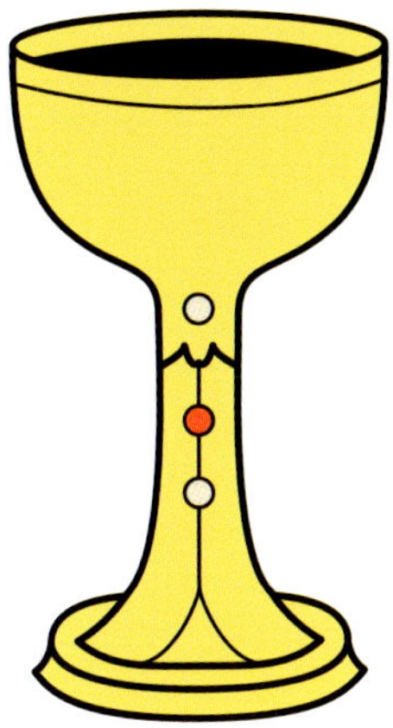

LA SUITE DE COUPE

Les coupes représentent l'amour, les relations, les émotions, la créativité, l'intuition et l'imagination. Lorsque nous réagissons émotionnellement à des idées, des événements et des environnements, nous sommes dans le domaine énergétique des Coupes.
De nombreuses Coupes dans une lecture peuvent indiquer que les principales forces en jeu dans les circonstances actuelles sont enracinées dans l'émotion ou l'intuition. Ces cartes parlent de questions de cœur et/ou de réceptivité psychique, et peuvent indiquer un besoin de s'ouvrir aux autres ou d'établir des limites utiles.

Mots clés souvent utilisés en association avec les Coupes : émotion, désir, expérience intérieure, relations, intuition, créativité.

▼ AS DE COUPE

À l'endroit : amour, nouvelle expérience émotionnelle, créativité, capacités psychiques. Potentiel d'épanouissement émotionnel et de satisfaction. Un nouveau départ, peut-être sous la forme d'une nouvelle relation amoureuse ou de la guérison d'un chagrin d'amour passé. La félicité. Conseille la réceptivité à de nouvelles émotions et à de nouvelles connexions avec les autres dans la romance et/ou l'amitié. Il est également question de connexions psychiques/astrales et d'un nouveau flux de créativité ; votre potentiel dans ces domaines dépend de votre volonté d'être réceptif. La grossesse ou l'accouchement peuvent également être indiqués.

Inversée : émotions réprimées ou bloquées, stagnation créative.

Un blocage émotionnel peut empêcher la croissance de l'amour, conduisant à la stagnation et au vide. L'anxiété de ne pas avoir assez de temps ou d'énergie émotionnelle à consacrer aux personnes aimées. Peut-être un avertissement d'une trop grande ouverture psychique et de la nécessité d'établir des limites énergétiques. Des problèmes de fertilité peuvent également être indiqués par cette carte.

▼ DEUX DE COUPE

À l'endroit : joie, partenariat, relations, communication, harmonie.

Un partenariat joyeux et enrichissant sur le plan émotionnel se développe, que ce soit en amour, en amitié, au travail ou dans les affaires. Un flux facile de créativité et une bonne communication. Peut indiquer un engagement ou un autre accord heureux entre deux personnes. Pointe également les avantages du pardon comme moyen d'avancer dans l'harmonie. Équilibre émotionnel intérieur et sentiment de bien-être.

Inversée : disharmonie, déséquilibre relationnel, séparation, mauvaise communication.

Dans un partenariat, une personne peut ne pas vouloir s'engager. Les défauts de communication entraînent la jalousie ou d'autres divisions. Incapacité à pardonner ou à avouer ses torts. Être en désaccord avec ses propres sentiments.

▼ TROIS DE COUPE

À l'endroit : amitié, célébrations, communauté, créativité, croissance, guérison.

Une période de bonheur et de célébration. Se sentir rajeuni, physiquement et émotionnellement. Résultats positifs d'une situation, surtout en ce qui concerne la guérison d'une maladie ou d'une blessure. La créativité s'épanouit. Soutien mutuel au sein d'un groupe d'amis ou de la famille. La naissance d'un enfant peut être indiquée ou de nouveaux projets peuvent prendre forme.

Inversée : blocages créatifs, isolement, trahison.
Vous vous sentez exclu ou non apprécié. Séparation des amis ou de la famille en raison d'un conflit émotionnel. Déception par rapport aux perspectives actuelles et créativité bloquée. Faible énergie et problèmes de santé possibles. Sentiment d'être coupé du bonheur des autres.

▾ QUATRE DE COUPE

À l'endroit : contemplation, réévaluation, ennui, distraction, opportunité de clarté.
Un point où le contentement passé fait place au désir de quelque chose de plus. Les besoins matériels sont satisfaits, mais les besoins émotionnels ou créatifs demandent de l'attention. La monotonie peut commencer à se manifester dans une relation, ce qui incite à une réévaluation. Vous pouvez être distrait ou préoccupé et donc manquer des opportunités ou des messages que l'Univers vous envoie.
Inversée : apathie, engourdissement, dépression, évitement.
Une période d'apathie et de fatigue où rien n'est satisfaisant. Épuisement émotionnel, sentiment d'isolement et/ou de dépression. Peut également indiquer une mauvaise santé physique. Une relation peut être statique, voire étouffante. Refuser de reconnaître un problème, rester distrait pour éviter l'autoréflexion. Intéressez-vous à quelque chose de créatif, même si cela semble insignifiant, pour aider à briser l'énergie stagnante.

▾ CINQ DE COUPE

À l'endroit : déception, perte, incapacité à passer à autre chose, regret, malheur.
Besoin de libérer d'anciennes émotions et de trouver une nouvelle perspective. Sentiment d'être déçu par les circonstances. Incapacité à se concentrer sur des sentiments positifs, à ressasser des déceptions ou des pertes passées. Il peut s'agir de relations malheureuses, en amour romantique ou en amitié, ou de regrets concernant un comportement passé. S'éloigner des situations ou des personnes négatives. S'attarder sur ce qui a mal tourné vous empêche de saisir de nouvelles opportunités. Soyez patient et concentrez-vous sur ce qui va bien. En outre, des problèmes d'héritage peuvent être impliqués.
Inversée : acceptation, passage à autre chose, pardon, guérison, espoir.
Les blessures émotionnelles sont en train de guérir. Votre capacité à laisser partir d'anciennes déceptions laisse la place à de nouveaux développements positifs dans votre vie. Pardonner les blessures ou les injustices du passé. Se pardonner à soi-même. Effectuer les changements nécessaires et aller de l'avant avec optimisme.

▾ SIX DE COUPE

À l'endroit : bonheur, retrouvailles, passé, nostalgie, enfance, bénéfices de l'expérience. Le passé comme influence positive. D'anciens amis, des connaissances ou des partenaires romantiques reviennent, généralement brièvement. Une appréciation de tout ce que vous avez appris des expériences passées, qu'elles soient joyeuses ou difficiles. Une reconnexion avec votre sens de l'émerveillement enfantin. Les questions concernant les enfants ou l'enfance.

Inversée : mélancolie, être coincé dans le passé, être irréaliste, sentimentalité. Mauvais souvenir ou sentimentalisme excessif du passé. Être coincé dans le passé et incapable d'accepter les circonstances actuelles. Incapacité à profiter de la chance de développer de nouvelles relations. Un partenariat, romantique ou autre, qui semble sans avenir.

▾ SEPT DE COUPE

À l'endroit : choix, opportunités, incertitude, vœux pieux.

Incertitude quant à la direction à prendre parmi les nombreuses possibilités. De nombreuses opportunités ou invitations se présentent, peut-être dans les relations amoureuses ou les efforts créatifs. Certaines ont beaucoup de potentiel, tandis que d'autres peuvent être trop belles pour être vraies. Nécessité d'éviter de prendre des décisions imprudentes basées sur des attentes irréalistes. Besoin d'intégrer le cœur, l'intuition et l'esprit pour faire le meilleur choix.

Inversée : indécision, confusion, déception, fantaisie, évitement.

L'accablement, l'indécision ou l'anxiété d'avoir trop d'options. Être trop attaché à une relation, une situation ou une idée particulière pour reconnaître les questions ou les problèmes. Les fausses promesses. Déconnexion entre le cœur et l'esprit. Essayer de s'évader dans des fantasmes ou de fausses réalités pour éviter de faire un choix difficile. Ignorer son intuition.

▾ HUIT DE COUPE

À l'endroit : tournant, contemplation, recherche de sens, passage à autre chose.

Décision d'effectuer un changement pour le mieux. Laisser quelque chose derrière soi, qu'il s'agisse d'un emploi, d'une maison, d'une relation ou d'une vieille habitude de pensée ou de comportement. Le choix de passer à autre chose peut être motivé par des déceptions ou des défaites, mais facilite néanmoins une croissance positive. Contemplation et

recherche de perspectives. Désir d'une vie plus épanouissante sur le plan spirituel. Passer du temps dans la nature peut vous aider à gagner en clarté émotionnelle.
Inversée : abandon, déception, changement non désiré, désespoir, mauvais jugement. Une profonde déception concernant la fin d'une relation ou d'une situation professionnelle. Vous vous sentez abandonné par quelqu'un ou déçu par des circonstances indépendantes de votre volonté. S'attarder sur la tournure malheureuse des événements peut vous empêcher de voir les opportunités positives. Choisir de rester dans des situations ou des comportements malsains plutôt que d'affronter l'inconfort du changement.

▼ NEUF DE COUPE

À l'endroit : souhaits exaucés, bonheur, confort, relations satisfaisantes.
Les souhaits se réalisent. Le bonheur et le contentement dominent maintenant. Fin des préoccupations ou des difficultés émotionnelles. Les capacités psychiques et intuitives sont améliorées. Bonnes nouvelles, bonne santé et épanouissement émotionnel, notamment dans les relations. Un sentiment de magie dans l'air. Sachez que ces énergies sont là, même si vous ne pouvez pas les ressentir en ce moment. Se concentrer sur le positif amène ce que vous voulez dans votre vie, surtout en ce moment.
Inversée : insatisfaction, avidité, égoïsme, irresponsabilité.
Avertissement contre l'égoïsme, la cupidité ou l'orgueil. L'égoïsme fait des ravages dans les relations amoureuses ou amicales, ce qui entraîne des blessures émotionnelles et une dysharmonie. Le fait de trop se concentrer sur ses propres intérêts au détriment des autres. Sentiment que les désirs ne se concrétiseront jamais.

▼ DIX DE COUPE

À l'endroit : amour, joie, bonheur, satisfaction, famille, sécurité, harmonie.
Le sentiment de vivre une vie utile. L'estime de soi et un sentiment d'appartenance. Des relations saines et épanouissantes en amour, en amitié et/ou en famille. Soutien émotionnel et bien-être. Stabilité, notamment au sein du foyer. Plaisir, satisfaction et sentiment de plénitude. Des relations et des activités de groupe paisibles et harmonieuses. Occasions de retrouvailles. Un mariage possible ou un enfant en route.
Inversée : perturbation, disharmonie, querelles familiales, instabilité.
Une dysharmonie ou une instabilité temporaire se produit dans une famille ou un autre groupe. Interruption d'une période autrement paisible. Une relation se brise. Sentiment

de solitude ou d'isolement ou l'éloignement de la famille. Un moment défavorable pour les activités ou les événements du groupe. Recherche d'un soutien émotionnel dans les mauvais endroits. Besoin de retrouver l'estime de soi ou la valeur personnelle qui émanent de l'intérieur, par opposition à celles que l'on attend des autres.

▼ VALET DE COUPE

À l'endroit : créativité, orientation, amitié, romance, connexion.

De bonnes nouvelles concernant une relation, potentiellement une nouvelle romance ou amitié. Un ami digne de confiance et compréhensif. La recherche de conseils à propos d'un problème émotionnel. Besoin d'un exutoire créatif, peut-être à des fins de guérison. Talent et appréciation pour l'art. Énergie jeune qui favorise l'expression créative et des capacités intuitives accrues. Une personne créative, sensible aux émotions et un peu mystique. Peut-être un message par le biais d'un rêve ou d'une divination.

Inversée : blocage créatif, immaturité émotionnelle, frustration.

Une personnalité qui a du mal à s'exprimer de manière positive. Incapacité à exploiter la créativité intérieure. Une énergie rêveuse et peu concentrée. Besoin éventuel d'être plus solide dans son approche de l'amour romantique.

▼ CAVALIER DE COUPE

À l'endroit : romance, flirt, affection, émotions fortes, rêverie, inspiration.

Forte poussée de sentiments, souvent inattendue. Expérience émotionnelle intense. Peut indiquer une nouvelle romance soudaine ou une personne ayant quelque chose de bénéfique à offrir. Augmentation de l'énergie créative et d'inspiration. Énergie de célébration qui encourage la sociabilité et la gratitude pour les bons moments. Une personne qui est coquette, passionnée, rêveuse et même extravagante. Les relations qui débutent sous cette influence peuvent être très passionnées et agréables, mais peuvent ne pas durer.

Inversée : manque de réalisme, mauvaise humeur, manque de sincérité, tromperie, vide.

Bouleversement émotionnel dû à des événements soudains ou au fait de ne pas être suffisamment ancré dans la réalité. Énergie de promesses non tenues et de tromperie. Une personne dont les paroles doivent être prises avec distance, même si elles semblent flatteuses. Regret possible d'une liaison passionnée qui s'est avérée vide de véritables sentiments.

▼ REINE DE COUPE

À l'endroit : compassion, intuition, intelligence émotionnelle.

Des liens psychiques forts, éventuellement avec une personne spécifique. Une personne avec de la patience, de l'empathie et de l'intuition, qui est à l'aise dans le domaine de l'émotion. Un soignant naturel avec une énergie maternelle mature. Une personne qui fait preuve de qualités affectueuses, nourricières et/ou romantiques. Tenir compte des besoins de la famille et/ou de la communauté lors de l'élaboration de plans.

Inversée : insécurité émotionnelle, humeur changeante, codépendance, accablement.

Faire passer les autres en premier à un degré qui va à l'encontre de ses intérêts ou qui est malsain, peut-être pour détourner l'attention face à ses propres problèmes. Être submergé par des sentiments, des émotions et/ou des impressions psychiques. Romancer exagérément une situation au lieu de l'examiner d'un œil critique. Quelqu'un qui a besoin d'aide sur le plan émotionnel et qui est épuisant sur le plan énergétique.

▼ ROI DE COUPE

À l'endroit : plaisir, bénédictions, compassion, conseils, équilibre émotionnel, spiritualité.

Les bénédictions et les bons sentiments abondent. Sentiment général et constant que tout va bien. Cause de célébration importante. Influence bienveillante, peut-être sous la forme d'un conseiller ou d'un guérisseur sage et compatissant. Quelqu'un qui peut offrir des conseils centrés sur le cœur. Une personne qui démontre des qualités d'honneur, de dévouement et/ou de compassion. Une personne loyale, fiable et attentionnée. Une personne qui acquiert la maîtrise de la conscience et de la connexion spirituelles.

Inversée : isolement spirituel, corruption, ego, manipulation émotionnelle.

Être fermé à ses sentiments et à la connexion spirituelle. Potentiel de corruption. Des conseils basés sur l'ego plutôt que sur le cœur. Une personne émotionnellement inconsistante ou manipulatrice. Potentiel de comportement destructeur.

IV
L'EMPEREUR

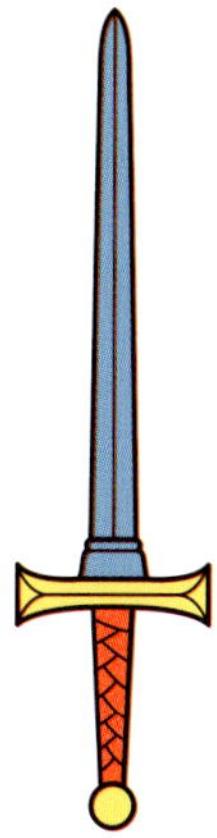

LA SUITE D'ÉPÉE

Les Épées représentent l'action, le mouvement et les moyens par lesquels les idées sont transposées dans la réalité physique. Les épées sont logiques plutôt qu'émotionnelles, et sont considérées symboliquement comme coupant l'illusion et aiguisant l'intellect. Elles conseillent d'aborder les problèmes en utilisant la raison plutôt que de se concentrer sur les sentiments.
De nombreuses Épées dans une lecture peuvent refléter un niveau élevé d'activité ou d'agitation, et/ou indiquer la nécessité d'une réflexion plus approfondie avant de se mettre en mouvement.

Mots clés souvent utilisés en association avec les Épées : action, mouvement, lutte, conflit, stratégie, responsabilité, clarté.

▾ AS D'ÉPÉE

À l'endroit : victoire, progrès, clarté mentale, percées, justice.

Potentiel d'action, de percées, de clarté, de réussite. Un fort niveau d'activité qui mènera au succès. Capacité intellectuelle. Vous avez la clarté d'esprit nécessaire pour prendre des décisions judicieuses quant à la prochaine étape à franchir. Une action ciblée est nécessaire pour relever les défis, mais la victoire et le progrès l'emportent sur les obstacles. Résolution équitable d'un conflit.

Inversée : stagnation, manque de clarté, transactions injustes.

Échec ou frustration due à un manque de mouvement. Action retardée. Confusion ou pensée trouble. Épuisement mental. Le fait de trop s'attarder sur ce qui ne fonctionne pas vous empêche de voir les solutions possibles. Faites une pause au lieu de tourner en rond. Potentiel de malhonnêteté ou de relations déloyales.

▾ DEUX D'ÉPÉE

À l'endroit : choix, indécision, impasse, trêve.

Compétition entre les personnes, les egos ou les idées. Incapacité à prendre une décision. Nécessité de négocier et de faire des compromis, quels que soient les sentiments. L'objectivité est particulièrement importante ; soyez prêt à équilibrer vos besoins avec ceux de l'autre ou d'autres personnes impliquées. Indique potentiellement la résolution des conflits.

Inversée : confusion, suspicion, trahison, soupçon.

Manque de confiance, pouvant provenir d'une tromperie dans un partenariat. Atmosphère de drame et de manipulation, par opposition à des relations directes. Manque de volonté pour parvenir à des compromis. Doutes sur des décisions antérieures et peur de céder.

▾ TROIS D'ÉPÉE

À l'endroit : tristesse, déception, résignation, persévérance.

Désillusion et même chagrin causés par des résultats non désirés. Nécessité de réévaluer les choses à la suite de développements inattendus et désagréables. Nécessité de faire face à l'inconnu. Besoin d'éviter de se laisser piéger par des pensées négatives.

Accepter la situation, en sachant que quelque chose de mieux émergera à la place de ce qui a été perdu, et continuer à mettre un pied devant l'autre.
Inversée : lutte, confusion, chaos.
Drame et bouleversement. Chaos à la suite d'événements inattendus.
Être immobilisé par l'indécision ou la peur de faire des erreurs. Lutte pour sortir d'une relation ou d'un engagement qui a pris une tournure différente de celle prévue.

▼ QUATRE D'ÉPÉE

À l'endroit : récupération, contemplation, relaxation, vacances, repos.
Une période de calme et de récupération après une période d'activité et/ou de pression intense. Nécessité de prendre du recul avant de prendre une grande décision ou d'essayer de résoudre un problème. Il faut prendre de la distance par rapport à une situation difficile afin de pouvoir l'analyser objectivement. Faire une pause dans la routine habituelle afin de se ressourcer. Un rétablissement après une maladie peut également être indiqué.
Inversée : maladie, perturbation, épuisement, hypervigilance, évitement.
Une maladie ou un autre événement inattendu peut vous obliger à vous éloigner de votre vie quotidienne normale. Vous vous sentez isolé des autres pour des raisons circonstancielles. Sentiment d'épuisement dans une activité. Possibilité d'agitation ou d'insomnie. Tendance à rester sur ses gardes lorsque cela n'est pas nécessaire. Peut également indiquer une tendance à mettre les problèmes de côté afin d'éviter de les affronter.

▼ CINQ D'ÉPÉE

À l'endroit : tension, conflit, défaite, changement de perspective, moment de vérité.
Un coup de semonce. Un changement rapide de perspective basé sur de nouvelles révélations. Nécessité d'accepter qu'un problème ou un conflit actuel n'a pas de solution satisfaisante. Il faut peut-être arrêter les frais et passer à autre chose. L'occasion d'apprendre de la défaite. Besoin de courage et de confiance en soi face à l'adversité. Choisissez vos batailles avec sagesse.
Inversée : aveuglement volontaire, domination de l'ego, trahison, stagnation. S'enfoncer dans le conflit par peur d'admettre avoir tort.
Vouloir gagner à tout prix. Écouter l'ego plutôt que l'esprit rationnel. Peur de la critique. Une personne en conflit peut être engagée dans une trahison, que ce soit envers les autres ou envers elle-même. Incapacité de progresser par peur de la défaite.

▼ SIX D'ÉPÉE

À l'endroit : amélioration, fin des difficultés, paix retrouvée, une transition nécessaire, un voyage.

Après une longue période de difficultés, l'harmonie est rétablie. Les choses ne sont peut-être pas terminées, mais des progrès constants sont maintenant réalisés. Capacité de réduire ses pertes afin d'accéder à de meilleures circonstances. Laisser les problèmes derrière soi, éventuellement en changeant d'emploi ou en déménageant. Un voyage à venir, quel qu'il soit.

Inversée : turbulence, changement forcé, perte, bouleversement.

Un changement de circonstances indépendant de notre volonté, pouvant entraîner une désorientation ou un bouleversement. Épuisement dû à une lutte continue. Les améliorations sont retardées, ou ne sont pas reconnues parce que l'on se concentre sur les pertes récentes. Être obligé de déménager ou de trouver un nouvel emploi alors que l'on n'y est pas préparé.

▼ SEPT D'ÉPÉE

À l'endroit : clarté, stratégie, confiance en soi, ruse, discrétion.

Chercher la vérité sur une situation. Chercher ou recevoir de la clarté. Un nouveau développement peut nécessiter une stratégie adaptée, mais une planification intelligente ouvre la voie pour surmonter les obstacles ou l'opposition. Maintenir la civilité et la confiance en soi dans une dispute, mais être à l'affût de la malhonnêteté. Il peut être sage de garder vos plans et vos ressources pour vous en ce moment.

Inversée : confusion, secrets, trahison, timidité, indécision.

Incapacité à voir un chemin clair ou une prochaine étape, peut-être en raison d'intentions cachées de la part des autres. Quelqu'un peut essayer de forcer une décision par intérêt personnel. Écouter votre intuition est crucial. Potentiel de vol, de tromperie ou d'autres trahisons. Ne permettez à personne de vous convaincre de faire une chose avec laquelle vous n'êtes pas entièrement d'accord. Soyez courageux et tenez votre position.

▼ HUIT D'ÉPÉE

À l'endroit : confiance aveugle, patience, guérison, bon timing, contrainte.

La nécessité de faire confiance au bon moment et de maintenir le cap. Les résultats ou les réponses ne sont pas encore visibles. Le besoin de patience, peut-être lié à la

récupération d'une maladie ou d'une blessure. Vous vous sentez piégé par les circonstances actuelles. Ne poussez pas les choses trop vite et ne prenez pas de décision hâtive qui ne serait pas en accord avec votre intérêt à long terme.
Inversée : doute, pessimisme, restriction auto-imposée, autoculpabilisation.
Être piégé par des pensées négatives et une tendance à s'attendre au pire. Laisser le doute empêcher toute action visant à progresser. Regretter les conclusions hâtives ou les actions prématurées. Être trop pris par la culpabilité et l'autoreproche pour voir une issue au problème. Le besoin de se pardonner.

▾ NEUF D'ÉPÉE

À l'endroit : anxiété, stress, peurs injustifiées, cauchemars.
Une bataille entre objectivité et peur. Les peurs sont injustifiées ou, à tout le moins, exagérées par rapport au problème réel. S'attendre à des résultats terribles. Pensées troublées et éventuellement perte de sommeil ou cauchemars. Faites ce que vous pouvez pour ne plus penser au problème pour le moment. Tournez-vous vers de nouvelles perspectives afin de prendre des mesures proactives en toute confiance.
Inversée : désespoir, tourment, victimisation, peurs réalisées.
Être tellement rempli de peur ou de désespoir qu'aucune pensée positive n'est possible. Être attaché à un rôle de victime. Une fixation sur un résultat négatif peut avoir contribué à le faire naître, ne l'aggravez pas en continuant à vous concentrer sur le problème. Déterminez ce que vous devez changer pour aller de l'avant.

▾ DIX D'ÉPÉE

À l'endroit : fin des problèmes, finalité, soulagement, paix, sortie de la difficulté.
Un conflit prend fin ou un problème récurrent est résolu. Il peut y avoir ou non un sentiment de victoire, mais la fin est tout de même la bienvenue. Le besoin de laisser partir la négativité associée à l'ancienne lutte et de faire la paix avec le résultat. Toute guérison ou restauration nécessaire peut maintenant avoir lieu. Un rappel que les fins sont nécessaires pour faire place à de nouveaux commencements.
Inversée : défaite, perte, fin dramatique ou brutale, incapacité à passer à autre chose.
Une dure défaite a eu lieu, mais le pire est passé maintenant. Il faut accepter la nouvelle réalité afin de se recentrer et aller de l'avant. Faites une pause, pansez vos plaies et attendez le moment opportun pour vous reconstruire avec un esprit clair. Par ailleurs,

il s'agit de résister à la désintégration naturelle d'un groupe social (amis ou collègues de travail), même si c'est finalement dans votre intérêt.

▾ VALET D'ÉPÉE

À l'endroit : curiosité, intelligence, perception, diplomatie, vérité.

Entreprendre de nouvelles études ou une nouvelle formation. Entraînement ou autre situation d'apprentissage pratique. Une personne qui est curieuse, déterminée, logique, sûre d'elle et/ou honnête, mais aussi impulsive. Apprendre à être diplomate lorsqu'on dit la vérité. Un message difficile à entendre. Nécessité d'accepter des vérités difficiles afin d'aller de l'avant. Vigilance et la discrétion à l'égard des ragots potentiels ou des personnes aux motivations contraires ou non sincères.

Inversée : crédulité, projets inachevés ou abandonnés.

S'essouffler trop tôt dans un projet ou un programme éducatif. Difficultés dans les études ou dans la recherche de la vérité sur une situation. Chercher la vérité dans une atmosphère de tromperie délibérée. Soyez attentif aux fausses informations subtiles qui vous sont intentionnellement transmises, ou aux informations importantes qui vous sont cachées, et considérez les nouveaux accords avec beaucoup d'attention.

▾ CAVALIER D'ÉPÉE

À l'endroit : découverte, intelligence, compétence, rapidité. Un œil aiguisé pour les détails importants. Recherche de solutions rationnelles et logiques à un dilemme.

Action soudaine ou événements en mouvement rapide. Une personne énergique, concentrée et décisive. Courage et détermination. Peut indiquer que quelqu'un agit de manière irréfléchie pour atteindre un objectif sans avoir pris en compte tous les résultats possibles.

Inversée : insouciance, impulsivité, impatience, mépris des conséquences.

Action sans réflexion. Énergie indisciplinée. Quelqu'un qui fait preuve d'un tempérament rapide et d'un haut degré d'impulsivité. Insouciance à l'égard des conséquences de ses actes pour les autres. Apprécier le chaos pour le plaisir du chaos.

▾ REINE D'ÉPÉE

À l'endroit : indépendance, perception, objectivité, intellect.

Se débarrasser de ce qui ne sert plus, que ce soit une relation, un plan ou des habitudes de pensée. Arriver à une compréhension soudaine et profonde. Victoire sur des obstacles déroutants. Adopter une approche organisée, objective et méthodique des tâches et des projets. Une personne qui présente des qualités de force, de patience, d'intelligence et/ou d'esprit. Une personne qui est loyale, mais aussi protectrice de ses intérêts. Peut indiquer une veuve ou une femme célibataire mature.

Inversée : isolement, contrôle, microgestion, impitoyabilité.

Indépendance jusqu'à l'isolement. Un refus de laisser les autres contribuer à un effort de groupe en raison du besoin de contrôle. Dépendance excessive à l'égard de l'esprit intellectuel sans écouter le cœur. Incapacité à avoir une vision plus large d'une question. Quelqu'un qui contrôle, domine et peut même être cruel.

▾ ROI D'ÉPÉE

À l'endroit : intellect, connaissance, diplomatie, analyse, perspective. Capacité de comprendre pleinement une situation complexe. Un point de vue rationnel, détaché ou impartial. Une personne qui fait preuve d'indépendance, d'autorité, de pouvoir et/ou d'esprit de décision, mais qui est également diplomate. Une personne bien informée, contemplative et incisive, dotée d'un fort esprit d'analyse. Se rapporte souvent aux professionnels du droit ou de la politique. Signification secondaire : peut se référer à des questions juridiques ou contractuelles, ou à des documents officiels.

Inversée : perte de perspective, cruauté, impitoyabilité.

Tendance à trop réfléchir à un problème jusqu'à ce que l'on perde toute perspective. Incapacité à voir ce qui est juste en face de soi. Manque de sensibilité ou d'émotion qui peut conduire à des actions cruelles. Opposition et confrontation. Mentalité de gagnant à tout prix.

L'EMPEREUR

LA SUITE DES DENIERS

Les Deniers représentent la manifestation, et cette suite concerne le plan matériel. Bien qu'ils soient souvent liés aux questions de maison et d'argent, ils évoquent également les questions d'équilibre, de pouvoir, de contrôle et d'utilisation habile des talents et des ressources.

Lorsque de nombreux Deniers apparaissent dans une lecture, cela indique qu'un résultat est en train de prendre forme ou qu'il est déjà manifesté. De nombreuses cartes sont liées à la récompense d'un travail acharné, tandis que d'autres peuvent mettre en évidence des craintes liées à l'insécurité matérielle.

Mots clés souvent utilisés en association avec les Deniers : manifestation, réalisation, preuve, prospérité, sécurité, récompense.

▾ AS DE DENIERS

À l'endroit : succès matériel, manifestation, prospérité, satisfaction.

Potentiel d'abondance, de bien-être matériel et de sécurité. Nouvelles opportunités de gains financiers et/ou d'amélioration des conditions de vie, comme l'achat d'une maison. Une période confortable, prospère et propice aux nouvelles affaires ou à la poursuite d'une carrière. Ne doutez jamais de votre capacité à manifester ce que vous désirez. Une bonne santé et un bien-être général sont indiqués.

Inversée : opportunité perdue, perte financière, risque, mécontentement.

Problèmes d'argent potentiels dus à des causes externes ou à des dépenses excessives. Les plans peuvent ne pas être suffisamment ancrés dans la réalité physique. Ce n'est pas une période propice pour prendre des risques financiers ou professionnels. Possibilité de problèmes de santé physique. Peut également indiquer une trop grande importance accordée au matérialisme, au détriment d'aspects plus intangibles, mais tout aussi importants de la vie.

▾ DEUX DE DENIERS

À l'endroit : équilibre, adaptabilité, gestion du temps, ingéniosité.

Les périodes d'incertitude concernant l'argent ou la carrière sont temporaires et vous êtes en mesure d'exploiter le changement à votre avantage. Faites confiance à votre bien-être matériel, mais soyez responsable. Équilibre des finances, équilibre entre le travail et les loisirs. Jongler avec les ressources, particulièrement en ce qui concerne le temps, l'énergie et l'argent. Apprendre une nouvelle compétence. Choix concernant les affaires ou la carrière.

Inversée : déséquilibre, débordement, désorganisation, soucis d'argent.

Manque d'énergie ou d'enthousiasme pour relever de nouveaux défis. Finances désorganisées. Les fonds peuvent être faibles, ce qui entraîne la peur et un sentiment de manque. Problèmes potentiels d'argent avec un partenaire commercial ou amoureux. Évitez les dépenses excessives ou les comportements déséquilibrés. Prenez soin de vous et faites ce que vous pouvez pour atténuer le stress de manière responsable.

▼ TROIS DE DENIERS

À l'endroit : créativité, reconnaissance, compétence, réussite.

Succès, en particulier dans les affaires ou la carrière. La maîtrise de compétences spécifiques est indiquée et les efforts sont matériellement récompensés. Vous obtenez la reconnaissance des autres pour vos talents et vos capacités. Vous pouvez également monter en grade ou en statut parmi vos pairs. Possibilité d'une nouvelle maison ou d'un nouveau lieu de travail, ou simplement d'une augmentation de votre enthousiasme et de votre productivité.

Inversée : blocage créatif, effort insuffisant.

Des opportunités manquées à cause d'un effort insuffisant. Vous rêvez trop aux résultats à long terme au détriment de l'application quotidienne au travail. Rappelez-vous que la réussite est le résultat d'une progression lente et régulière. Sentiment de blocage créatif et besoin d'une nouvelle inspiration. Les efforts pour acquérir une propriété peuvent être retardés en ce moment.

▼ QUATRE DE DENIERS

À l'endroit : sécurité, équilibre, protection des ressources, réticence.

Stabilité économique et fondations solides. Affirmation que vous êtes sur la bonne voie en ce qui concerne les ressources matérielles ou les investissements commerciaux. L'abondance est assurée, à condition que les ressources soient réparties judicieusement. Se rappeler que l'abondance est une énergie en mouvement avec des flux et des reflux. Il s'agit autant de ne pas devenir avare que de ne pas trop dépenser. Être réservé financièrement et/ou socialement.

Inversée : matérialisme, avidité, ressources stagnantes, limitation.

Être trop préoccupé par le monde matériel. Avoir l'impression qu'il n'y en a jamais assez en termes de ressources (argent, temps, etc.). Dépenser de manière extravagante ou imprudente. Avoir du ressentiment à l'égard de la réussite des autres. Avoir une attitude égoïste ou avare. N'oubliez pas que thésauriser fait stagner la véritable abondance. Vous devez être prêt à vous débarrasser de l'ancien pour faire de la place au nouveau. Signification secondaire : peut indiquer une aubaine due à des circonstances extérieures, comme un héritage.

▾ CINQ DE DENIERS

À l'endroit : soulagement du stress financier, opportunités intéressantes.

Les difficultés financières prennent fin. De nouvelles sources de revenus ou d'aide apparaissent, peut-être dans des endroits surprenants. Vous pouvez adopter une approche non conventionnelle pour surmonter les obstacles. Peut également indiquer une « pauvreté spirituelle » due à une concentration excessive sur le domaine matériel, ou un manque d'estime de soi.

Inversée : insécurité, isolement, perte financière, inquiétude, pauvreté, difficultés.

Difficultés financières réelles ou simplement une forte peur de la pauvreté qui empêche la joie. Des dépenses inattendues peuvent survenir. Nécessité éventuelle de puiser dans l'épargne ou de reconfigurer votre budget. Sentiment d'être exclu de la belle vie que connaissent les autres. Incapacité de voir la bonne fortune en se concentrant sur le manque. Conscience de la pauvreté. Concentrez-vous sur les preuves d'abondance que vous avez déjà. Vous sortirez de cet endroit inconfortable avec de meilleures perspectives. Par ailleurs, vous devrez peut-être apprendre à accepter l'aide des autres.

▾ SIX DE DENIERS

À l'endroit : cadeau, générosité, prime, échange équitable.

Un gain matériel, souvent inattendu, qui est l'expression de la reconnaissance d'un travail acharné ou d'une générosité simplement inspirée. Il peut s'agir d'une somme d'argent, mais aussi d'un cadeau, comme une invitation à dîner. Selon la lecture, vous pouvez être le donneur ou le receveur de ce cadeau. Dans tous les cas, il y a une réciprocité implicite dans l'énergie de cet échange : aucune des parties n'a l'impression de devoir quelque chose à l'autre, et celui qui donne en profite autant que celui qui reçoit.

Inversée : égoïsme, dette, avidité, envie, transactions malhonnêtes.

Énergie de manque ou d'injustice perçue dans les affaires matérielles. Se sentir lésé dans un échange. Une attitude avare envers les autres. Quelqu'un peut dissimuler des biens ou être malhonnête dans une affaire, alors renseignez-vous avant de vous engager. Cette carte peut également indiquer des problèmes de dettes, bien que l'inquiétude à ce sujet puisse être un obstacle plus important que la dette elle-même.

▼ SEPT DE DENIERS

À l'endroit : persévérance, foi, récompense, profit, investissement.

Avoir foi dans le résultat à long terme de vos efforts. Nécessité d'être patient. Avoir confiance dans le fait que vos graines sont bien plantées, et qu'elles porteront des fruits au-delà de vos attentes actuelles. Une brève pause dans l'effort peut être nécessaire, mais ne perdez pas votre élan et n'essayez pas de précipiter les choses. Investissement astucieux de temps, d'argent ou d'autres ressources.

Inversée : succès limité, insécurité matérielle, récompense limitée, procrastination.

Ralentissement temporaire dans le déroulement des événements. S'inquiéter inutilement du rythme des progrès. Vous manquez de confiance dans vos efforts. Vous avez l'impression que vos investissements ou efforts ne rapportent que des récompenses minimes. Vous faites des choix peu judicieux ou vous tergiversez à cause de l'anxiété liée à l'argent ou à d'autres aspects de la sécurité matérielle. Incapacité à visualiser les résultats à long terme.

▼ HUIT DE DENIERS

À l'endroit : travail qualifié, études, apprentissage, prospérité à long terme, satisfaction.

Intégration des passions créatives ou des poursuites spirituelles avec la sécurité matérielle. Les projets à long terme mûrissent ou se manifestent à un nouveau niveau. Accent sur l'artisanat et la poursuite de la maîtrise d'une compétence ou d'un talent. Satisfaction et fierté dans votre travail. De nouvelles opportunités d'avancement vers des objectifs professionnels ou financiers à long terme.

Inversée : manque de vision à long terme, perfectionnisme, insatisfaction.

Se sentir piégé dans une situation professionnelle qui n'est pas satisfaisante ou qui ne sert pas vos intérêts à long terme. Être désengagé au travail ou désintéressé par les activités en cours. Le perfectionnisme et l'autocritique excessive dans une entreprise vous empêchent d'apprendre de vos erreurs. Si vous avez vraiment l'impression d'être sur la mauvaise voie, c'est le bon moment pour commencer à évaluer vos options.

▾ NEUF DE DENIERS

À l'endroit : succès, estime de soi, confiance en soi, récompenses, bonne chance, prospérité, confort.

La prospérité est bien développée et se porte bien. Vous appréciez les récompenses de votre travail. Retour sur les investissements (en temps, en efforts, etc., ainsi qu'en argent). La chance ou une aubaine inattendue est en route. Avoir les ressources nécessaires pour réaliser des gains futurs. Apprécier les petites choses de la vie et vivre le moment présent. Le succès est assuré. En marge de cela, profiter d'un travail indépendant réussi.

Inversée : dysharmonie, peur de la perte, revers financiers.

Les problèmes d'argent mettent en péril la sécurité financière. Les disputes sur les finances mettent les relations à rude épreuve. Vous ne pensez pas clairement aux implications à long terme de l'allocation de vos ressources. Manque de confiance dans vos investissements. Problèmes de santé potentiels.

DIX DE DENIERS

À l'endroit : foyer, famille, générations, richesse, héritage, abondance stable et sûre.

Bien-être général et constant, notamment au sein de la famille et en relation avec le foyer. Achat, rénovation ou autre investissement dans une maison. Possibilité d'un héritage ou d'un autre avantage provenant des générations précédentes. Des amis ou des parents généreux. Une planification judicieuse pour l'avenir.

Inversée : échec financier, perte, conflit familial, problèmes avec la maison, jeux d'argent.

Problèmes d'argent, peut-être en rapport avec des testaments et des héritages, ou d'autres attentes à long terme qui ne se concrétisent pas. Conflit au sein de la famille, souvent pour des questions d'argent ou de planification à long terme. Des problèmes avec la structure physique d'une maison ou l'acquisition d'une maison. Cette carte peut également indiquer des problèmes de jeu.

▼ VALET DE DENIERS

À l'endroit : opportunité financière, effort louable, fiabilité, diligence.

De bonnes nouvelles concernant l'argent, peut-être par le biais d'un nouvel emploi. Une personne qui fait preuve de maturité, de diligence et de responsabilité. Un étudiant qui suit un nouveau cours avec une forte probabilité de succès financier s'il est suffisamment intéressé pour aller jusqu'au bout. L'énergie du succès. Signification secondaire : la naissance possible d'enfants ou de petits-enfants.

Inversée : manque de progrès, concentration sur le court terme, irresponsabilité, insatisfaction.

L'impression que les récompenses d'un emploi ou d'une carrière ne valent pas les efforts fournis. Ne pas être capable de fournir le travail nécessaire pour atteindre un objectif. Avoir des objectifs irréalistes et des plans non ciblés. Quelqu'un qui s'intéresse plus aux apparences qu'à la substance.

▼ CAVALIER DE DENIERS

À l'endroit : stabilité, sécurité, progrès, fiabilité, action prudente.

De la chance avec l'argent ou une évolution de carrière à l'horizon, probablement en raison des efforts et des décisions passés. Fiabilité et attention aux détails. Progrès méthodique, mais régulier. Une personne fiable et honorable qui a les pieds sur terre et qui est responsable. Une personne qui fait preuve de loyauté, de dévouement, de prudence et/ou d'autonomie.

Inversée : paresse, inaction, malhonnêteté, manque de fiabilité, rigidité.

Efforts incohérents. Succomber à la procrastination. Négliger des détails importants dans le fonctionnement quotidien d'une entreprise ou d'une filière. Une personne qui ne fait pas sa part du travail ou qui essaie de faire porter sa charge de travail par d'autres. Peut également indiquer que quelqu'un est trop rigide ou méthodique et qu'il doit se détendre ou changer un peu les choses.

▾ REINE DE DENIERS

À l'endroit : tranquillité, sécurité, générosité, abondance, satisfaction.

Paix et tranquillité. Se détendre et profiter d'une abondance dans tous les domaines. Satisfaction du fruit de ses efforts ou de son travail. Une réussite due à une bonne planification et à un suivi réfléchi. Quelqu'un d'accompli, de pratique et de cohérent démontrant des qualités de générosité, de prévenance, de dignité et/ou d'autosuffisance. Quelqu'un qui aide les autres et qui pense qu'il y a beaucoup à faire.

Inversée : égoïsme, manque de mentalité, envie, avarice, pingrerie, manque de sens pratique.

Manque de générosité. Une personne qui refuse de l'argent et/ou du soutien en raison de problèmes d'insécurité ou de confiance. Essayer de contrôler chaque aspect de son abondance plutôt que de faire confiance au flux de celle-ci. Inversement, cela peut aussi indiquer un problème d'excès de générosité ou un sentiment exagéré de bien-être financier et le fait de donner des ressources sans d'abord s'assurer qu'il y en a assez pour tout le monde.

▾ ROI DE DENIERS

À l'endroit : pouvoir économique, souveraineté, succès, sécurité, générosité.

Exploitation de l'énergie du succès. Souveraineté financière. Plans réalisés et manifestation achevée. La richesse et l'abondance sont assurées. Une personne très expérimentée et accomplie. Une personne généreuse, compatissante, responsable et/ou inébranlable. Peut se rapporter aux préoccupations relatives à l'immobilier et à la planification financière. Prêtez attention, soyez pratique et demandez conseil à un expert accompli dans ces domaines.

Inversée : manque de sens pratique, manque de succès, doute de soi, insécurité, cupidité.

Le succès peut être minime ou irrégulier en raison de schémas bien ancrés de procrastination ou de doute de soi. Le fait de ne pas vouloir aider les autres à prospérer. Un potentiel de cupidité et de corruption. Dans une situation professionnelle, un avertissement possible concernant un supérieur qui fait preuve d'un comportement déshonorant ou égoïste.

CONCLUSION

IV
L'EMPEREUR

CONCLUSION

Maintenant que vous avez acquis une compréhension de base du tarot, vous pouvez tracer votre propre chemin, en explorant différents tirages, en approfondissant vos connaissances grâce à des ressources supplémentaires (vous trouverez une liste de suggestions à la page suivante) et en prenant simplement plaisir à passer du temps avec les cartes.

N'oubliez pas de faire confiance à votre intuition. Soyez attentif aux idées qui vous viennent à l'esprit et à ce que vous ressentez en interagissant avec les cartes. Ne doutez pas de vos instincts simplement parce que les instructions d'un livre contredisent ce que vous percevez.

Il faut du temps pour devenir un lecteur fluide du tarot, mais il s'agit d'un voyage enrichissant. Une fois que vous serez à l'aise avec votre jeu et que vous vous serez entraîné, vous profiterez de plus en plus de moments où les cartes vous parleront directement. Lorsque cela se produit, prenez des notes sur vos lectures et revenez-y plus tard pour voir laquelle de vos interprétations était la plus précise.

En définitive, vous approfondirez votre compréhension des cartes à travers votre propre expérience de la vie, et vous enrichirez votre expérience de la vie en explorant le tarot !

L'EMPEREUR

SUGGESTIONS DE LECTURES COMPLÉMENTAIRES

IV
L'EMPEREUR

LECTURES COMPLÉMENTAIRES

Si vous êtes prêt à passer à l'étape suivante de votre étude du tarot, les ressources suivantes peuvent vous aider à approfondir vos connaissances. Il ne s'agit que d'une liste succincte, alors n'hésitez pas à poursuivre vos recherches !

Mary K. Greer, 21 Ways to Read a Tarot Card (2006)

Barbara Moore, Tarot Spreads: Layouts and Techniques to Empower Your Readings (2012)

Robert M. Place, The Tarot: History, Symbolism, and Divination

(2005)

Rachel Pollack, Seventy-Eight Degrees of Wisdom: A Tarot Journey to Self-Awareness (A New Edition of the Tarot Classic) (2019)

Christine Payne Towler, The Underground Stream: Esoteric Tarot Revealed (1999)

Benebell Wen, Holistic Tarot: An Approach to Using Tarot for Personal Growth (2015)

MES NOTES PERSONNELLES

MES NOTES PERSONNELLES

IV
L'EMPEREUR